Memórias de
Dorothée Duprat de Lasserre

Memórias

de Dorothée Duprat de Lasserre

Relato de uma prisioneira na
Guerra do Paraguai (1870)

Francisco Doratioto (ORG.)

Ch
ão

CHÃO EDITORA
EDITORA Marta Garcia
EDITOR-EXECUTIVO Carlos A. Inada

INDICAÇÃO EDITORIAL José Murilo de Carvalho
TRADUÇÃO DE "EXPOSIÇÃO DA VIÚVA LASSERRE" Fabio Weintraub
CAPA, PROJETO GRÁFICO E DIAGRAMAÇÃO Mayumi Okuyama
PREPARAÇÃO Márcia Copola
REVISÃO Carlos A. Inada e Isabel Cury
DIGITAÇÃO E COTEJO Maria Fernanda A. Rangel/Centro de Estudos, Pesquisa e Educação — CEPE
PESQUISA ICONOGRÁFICA Francisco Doratioto e Erica Fujito
PRODUÇÃO GRÁFICA E TRATAMENTO DE IMAGENS Jorge Bastos
MAPA Sônia Vaz

DADOS INTERNACIONAIS DE CATALOGAÇÃO NA PUBLICAÇÃO (CIP)
(CÂMARA BRASILEIRA DO LIVRO, SP, BRASIL)

Memórias de Dorothée Duprat de Lasserre : relato de uma prisioneira na Guerra do Paraguai (1870) / organização Francisco Doratioto. — 1. ed. — São Paulo : Chão Editora, 2023.

Bibliografia.
ISBN 978-65-80341-28-3

1. Brasil – História – Guerra do Paraguai, 1864-1870 2. Guerra do Paraguai, 1864-1870 – Historiografia 3. Lasserre, Dorothée Duprat de, 1845-1932 4. Mulheres – História I. Doratioto, Francisco.

23-170267 CDD-989.205

Índices para catálogo sistemático
1. Guerra do Paraguai, 1864-1870 : Paraguai : História 989.205
Aline Graziele Benitez – Bibliotecária – CRB-1/3129

Grafia atualizada segundo as regras do Acordo Ortográfico da Língua Portuguesa (1990), em vigor no Brasil desde 1.º de janeiro de 2009.

chão editora ltda.
Avenida Vieira de Carvalho, 40 — cj. 2
CEP 01210-010 — São Paulo — SP
Tel +55 11 3032-3726
editora@chaoeditora.com.br | www.chaoeditora.com.br

Sumário

Apresentação

Memórias de Dorothée Duprat de Lasserre é o único relato de uma mulher escrito durante a Guerra do Paraguai, nos últimos meses do conflito. A autora, imigrante francesa, foi prisioneira política do ditador paraguaio Francisco Solano López. A ela e a outras mulheres na mesma condição, chamadas de *destinadas*, foi imposto que caminhassem, sob escolta de soldados, para o interior do Paraguai, no sentido inverso ao avanço das tropas aliadas. Famintas, adoecidas e maltrapilhas, foram libertadas pelo Exército imperial em dezembro de 1869, ocasião em que o coronel Francisco Pinheiro Guimarães sugeriu à sr.ª Lasserre escrever sobre sua experiência como *destinada*.

Dorothée, uma mulher ativa e preparada intelectualmente, aceitou o desafio e, entre janeiro e fevereiro de 1870, escreveu suas memórias em espanhol. Nesse último mês, o capitão

Benedito de Almeida Torres copiou o manuscrito, mantido o idioma original, para o Governo imperial. Este é o documento utilizado neste livro e sua fidelidade ao texto original é comprovada comparativamente, pois o manuscrito escrito por Dorothée foi enviado para a Argentina e publicado em Buenos Aires pelo jornal *La Nación*, nos dias 4 e 5 de março de 1870, com o título *Aventuras y padecimientos de madama Dorotea Duprat de Lasserre*. Nesse mesmo ano, o relato foi incluído como apêndice nas memórias do inglês Jorge Federico Masterman, farmacêutico-chefe do Exército paraguaio, publicadas em Buenos Aires com o título *Siete años de aventuras en el Paraguay*. Ainda em 1870, apareceu na mesma capital a edição em inglês do escrito de Dorothée, intitulada *The Paraguayan War. Suffering of a French Lady in Paraguay*, por encomenda do Governo argentino. No ano seguinte, *Aventuras y padecimientos de madama Dorotea Duprat de Lasserre* apareceu como parte de *Papeles de López o el tirano pintado por si mismo y sus publicaciones. Papeles encontrados en los archivos del tirano. Tablas de sangre y copia de todos los documentos y declaraciones importantes de los prisioneros para el proceso de la tiranía, incluso la de Madame Lasserre* (Imprenta Americana, 1871). Essas publicações, em curto espaço de tempo, denotam o interesse que havia em Buenos Aires a respeito de depoimentos, em primeira pessoa, sobre a Guerra do Paraguai, bem como o interesse do Governo argentino em divulgar as práticas repressivas, torturas e assassinatos contra homens e mulheres, especialmente as *residentas*, exercitadas por Francisco Solano López. Era uma forma de demonstrar que a guerra, impopular entre os argentinos, se justificava no plano moral.

No Paraguai, o manuscrito de Dorothée foi publicado integralmente em 1991, por Guido Rodríguez Alcalá, no livro *Residentas, destinadas y traidoras*. A obra foi lançada no contexto da democratização do país, após o fim da longeva ditadura (1954-89) de Alfredo Stroessner. Este havia transformado a mitificação da figura de Francisco Solano López em ideologia oficial de Estado, o que desestimulava a publicação de trabalhos críticos sobre a guerra por ele desencadeada.

No Brasil, o manuscrito de Dorothée Duprat de Lasserre teve menor repercussão. Em 1870 ele foi apenas citado por jornais do Rio de Janeiro, enquanto sua publicação integral ocorreu somente em 1893, no Rio Grande do Sul, por iniciativa de José Arthur Montenegro. A obra, com trechos editados e tradução nem sempre precisa, foi intitulada *Memórias de Mme Dorothéa Duprat de Lasserre* (Typographia Trocadero). Essa edição foi a usada por muitos dos estudiosos da Guerra do Paraguai, embora a raridade de seus exemplares, normalmente depositados em bibliotecas, tenha dificultado o contato direto com a obra — problema atualmente amenizado com a possibilidade de acesso, via internet, a documentos digitalizados. Essa possibilidade de acesso, complementada agora pela publicação, neste livro, da tradução da íntegra do documento original, é fato da maior importância, pois afinal estamos diante do depoimento de alguém que não só assistiu à violência do conflito armado e com ela sofreu, mas que vivenciou o arbítrio do exercício do poder por Francisco Solano López e foi vítima das agruras impostas às mulheres paraguaias.

Francisco Doratioto

Dorothée Duprat de Lasserre em foto da década de 1880

Exposição da viúva Lasserre

CÓPIA TIRADA PELO CAPITÃO BENEDITO DE ALMEIDA TORRES NA VILA DO ROSÁRIO, FEVEREIRO DE 1870, PARAGUAI[1]

No 25 de dezembro as senhoras destinadas a morrer de fome por ordem de López foram libertadas pelo Exército brasileiro.

Eu sou uma delas; vivo e escrevo, mas ainda não cabe em minha mente que tenho o poder de falar livremente de tantos sofrimentos, de tantas crueldades que temos sido obrigadas a receber, como tantos benefícios da mão de um pai que nos escondia em remotos lugares para nos livrar do fero inimigo.

Darei uma pequena ideia desta terrível tragédia, onde o papel final de quase todos os atores foi o de perecer em horríveis tormentas. Estava eu também destinada a uma das mortes mais cruéis, mas escapei por milagre. Sofri uma longa agonia, duplamente dolorosa porque vi minha pobre mãe perecer lentamente, mas a salvei, graças ao Todo-Poderoso que amparou meu coração com a firme crença de que padecíamos para que nossos esposos vivessem. Havíamos feito para nós uma religião de tudo sofrer e de procurar resistir a toda classe de tormentos para manter esta vida a fim de voltar a vê-los. Com a esperança de que voltaríamos a encontrá-los, os mais duros trabalhos nos pareciam tolices.

Qual não foi nosso desengano! Que terrível hora a de nossa salvação que foi, para todas ali, de um cruel e amargo desengano! Todos morreram! E de que modo, meu Deus! Escreverei esta incrível verdade, esta história palpitante de horrores cometidos sob a capa de uma bondade que cheira a fel, que faz estremecer, porque falando se sente o frio da ponta da lança que abriu os corações de tantas apreciáveis companheiras de trabalho, entre as quais, temo e não me atrevo a pensá-lo, devo contar como vítima uma íntima amiga e seus dois filhinhos. Pode ser que Deus em seus desígnios incalculáveis lhe haja mandado algum modo de salvar-se: assim quero esperar, porque me destempera as fibras do coração pensar que, por apenas um instante, a melhor e a mais desgraçada mulher, que eu tanto estimei, receba tão cruel morte com a permissão de Deus. Por que nos separamos, minha pobre e querida Eugênia? Teríamos sido, me parece, menos infelizes pensando juntas em tão tristes recordações que nos restam agora para alimentar o resto de nossa vida.

Quando começou a guerra não procuramos sair do Paraguai, pois nunca acreditamos que a ideia de López fosse exterminar sua nação. O modo do qual se servia de início nos fez crer que sua intenção era socorrer Montevidéu contra o Brasil para apoderar-se em seguida dessa República e da Argentina. As tramas e preparativos que faziam nos levaram a pensar isso, assim que não nos movemos, seguindo pacificamente nosso comércio, não nos intrometendo em nada do que se fazia ou dizia. Meu marido me recomendava sempre o sigilo para com minhas amigas, muita discrição sobre o que se fazia publicamente, e por fim em nossa casa não se proferia uma palavra sobre esses assuntos, temendo que fossem mal ouvidas e mal interpretadas pelas criadas. Vivíamos uma vida completamente retirada de toda a sociedade, e ainda assim sabíamos por diversos modos, sem buscar e sem jamais perguntar nada a ninguém, todas as tramoias vergonhosas dos poderosos. Meu pobre irmão era quem despachava no armazém de negócios: jovem muito circunspecto, mas, como era muito querido por todos os que o conheciam, recebia as confidências de uma infinidade de mulheres que buscavam no armazém o que precisavam para seu pequeno comércio. Como poucas delas leem e escrevem, tinham-lhe confiado a missão de escrever as cartas que mandavam ao exército. Ele lhes prestava esse favor com paciência e discrição, lia-lhes as respostas, de modo que sem querer era sabedor de uma infinidade de tramas. Às vezes isso esclarecia muitos fatos públicos que permaneciam bem obscuros para os que vivíamos longe do exército. Havia também uns quantos espiões, pobres homens sem malícia, que, por terem sido empregados domésticos ou por outros motivos, tinham a confiança de contar-lhe o serviço que faziam, as ordens que recebiam com respeito a tal ou qual pessoa. Mas de tudo o que houve em minha casa, ninguém soube nada; ali terminava o segredo, o único com quem falávamos era o chanceler francês Monsieur Parcor.

Meu pai passava os dias a discutir com esse mesmo senhor, que era nosso melhor amigo, sobre o que se passava na França. Ninguém se intrometeu na política de López, e os três fizeram o possível para nunca chamar sobre si atenção nenhuma, nem para o bem nem para o mal. Se foi feito algum bem para os desgraçados, foi sempre sem ostentação, com as precauções necessárias para não prejudicar ninguém, sem mencionar o socorro a pessoas que eles queriam fazer padecer. Meu marido era tão delicado em suas dádivas que nem eu conhecia a metade de sua bondade; as graças que mais tarde recebi de várias pessoas me fizeram conhecer que em meu nome fazia suas caridades, de modo a torná-las menos humilhantes para aquele que as recebia — suponho eu para chamar menos a atenção daquele homem que condenava a morrer de miséria certos indivíduos que ninguém se atrevia a socorrer. A fim de evitar que ele se vingasse, era preciso sempre aparecer apoiando suas ideias, mas minha família achou melhor ser completamente neutra.

Assim, tenho a honra de nunca haver me rebaixado e o consolo de saber positivamente que os três mártires de minha família morreram sem ter servido de nenhuma maneira de joguete ao poder, para fazer baixezas ou permitir que outros as fizessem.

Fui ficando com muito medo da política de López; assim, quando começou a perder essas fabulosas batalhas, que ele sempre proclamava ter ganhado, cumpria andar muito preparada para responder certas perguntas inevitáveis, fossem de amigos ou conhecidos, pois era preciso mentir ou cortar a conversação. Serviam de espiãs as senhoras de bom-tom para certas famílias de seu círculo e, de outro lado, as criadas delas, de maneira que cada dia López recebia três partes, uma das espiãs da polícia, outra das do Ministério, e outra de uma má mulher* que se havia distinguido como muito apropriada para o caso. Se essas espiãs tivessem falado sempre a verdade, não teriam prendido tanta gente, mas, como sempre esses cargos servem para a vingança, muita gente pereceu desde que López está presidente pelo único motivo de ser odiada por uma pessoa. Como uma vez na prisão ninguém sabe qual foi o motivo nem se faz processo algum, iam-se acumulando

* M.me Linch.

réus de todo tipo, segundo o delito que se lhes inculpava, até que se enchessem as cadeias. Então eram mandados para locais distintos; que morressem ou vivessem, pouco importava.

O cônsul da França, M. Laurent Cochelet, sempre teve o maior interesse em todo tipo de réus estrangeiros. Ele os vestiu, alimentou; ia e vinha ao Ministério averiguando suas causas, pedindo que fossem julgados com empenho digno de um agente que se distinguiu por sua humanidade em relação ao infeliz, e por seu ponto de honra em garantir o direito dessa gente neste país abandonado pelas mãos de Deus.

É o único agente que se fez respeitar por López, e estou segura de que, se ele houvesse permanecido no seu posto até o fim da guerra, teriam sido evitadas calamidades incomparáveis, pois López sempre precisou se ocultar, e Deus sabe que não teria sido sob a honrada pessoa de M. Laurent Cochelet que nosso tirano teria se acobertado.

"A desgraça dos estrangeiros residentes nesta terra foi a troca de cônsul", assim disse a ele quando se despediu de mim. Meus temores o enterneceram, mas ele acreditava que, embora jovem, M. Paul de Cavalière de Cuverville seria ao menos um bom francês. Muito se equivocou, e eu também me equivoquei por muito tempo. Desgraçados franceses que se achavam protegidos: iam e lhe contavam as notícias que corriam com a confiança que se tem num pai. Até acreditavam que era dever deles avisá-lo de tudo, assim ele os recebia, e na mesma noite havia quem o magnetizava* com distintas classes de vinhos, que desgraçadamente apeteciam muito o dito senhor.

Insensivelmente, na conversação revelava em confiança tudo o que sabia. Que figura a de nosso cônsul, que, sem senti-lo, somente pelos efeitos do vinho, servia de livro contra os franceses e vários outros que, por estimar seu título, davam-lhe sua confiança e discutiam com ele sobre os acasos da guerra!

Quero crer que, se não gostasse tanto de vinho, não teria servido tão indignamente aos desígnios de López.

Dois dias antes da evacuação da capital estávamos dizendo a M. de Cuverville que era preciso não sair de nossas casas se não nos dessem passaportes para ir aonde quiséssemos. Ele era da nossa opinião, mas mudou de ideia logo depois de ter visitado certa casa onde prometeu que convenceria todos os franceses a cumprir pontualmente a ordem. Assim é que, em 22 de fevereiro de 1868, veio nos anunciar que havia ordem de sair naquela mesma tarde, para que nos alistássemos. Fizemos muitas observações sobre isso, mas foi tudo inútil; pedimos a ele que pedisse passaportes para que deixassem o país os que não se animavam a sair na campanha, nada o pôde convencer; era decisão tomada, que havíamos de deixar nossas casas e interesses para ir viver onde López quisesse. Foram chamados

* M.me Linch.

todos os estrangeiros à polícia, estavam impressos os passaportes, o chefe tinha uma lista dos nomes com o nome do lugar para onde queriam mandar cada pessoa, e, conforme iam chamando, entregavam a cada um sua papeleta com a ordem de sair antes do meio-dia.

Chamaram primeiro meu irmão. Deram-lhe passaporte para Piribebuy, reclamou dizendo que ele era filho de domínio,[2] que só meu pai podia encabeçar a família, que vivíamos juntos, que não tínhamos meios de viver separados. Eles se convenceram e nos deram ordem de ir a Valenzuela. Meu pai veio anunciar nosso destino, não tínhamos meio de sair nesse mesmo dia a não ser deixando tudo, parecia-nos impossível fazer essa viagem sem levar sequer colchões e roupa; assim é que nos atrasamos até encontrar uma carreta. Nisso saiu um bando que, conforme ordem publicada por um juiz e divulgada em todas as ruas, determinava o prazo de 48 horas para desocupar a capital; encerrado esse prazo, seria fuzilado qualquer indivíduo mencionado na ordem, o qual, sob pena de perder a vida, estava proibido de tocar em portas alheias. A mesma pena era destinada aos que tivessem relação com o inimigo e aos que o soubessem e não o declarassem.

Fizemos diligências para que mudassem o lugar aonde devíamos ir, o cônsul então determinou que fôssemos a Limpio, onde tínhamos amigos. Fomos com a família Gutierrez; ali vivemos pacificamente até a Sexta-Feira Santa. Nesse dia, todos os estrangeiros receberam ordem de apresentar-se ao juizado onde se lhes leu um papel dizendo que, a partir daquele momento, não podiam sair dos limites da jurisdição sem pedir um passe ao chefe, e que o chefe não concederia o dito passe sem a permissão do chefe de polícia existente em Luque. Nós nos encontramos em grandes apuros, porque em Limpio não havia mercado, nos abastecíamos de tudo da praça de Luque. Essa era uma ordem de detenção mal dissimulada para todos os estrangeiros que viviam no campo. Empregamos um ardil para avisar o cônsul desse sucedido e para pedir-lhe que mandasse chamar meu marido por meio da polícia, com a intenção de ir a Luque para fazer diligências a fim de mudarmos de residência. Assim se fez, o cônsul se prestou com amabilidade a todas as diligências, que se fizeram muito em breve, e nos mudamos para uma casa de campo numa ilha pertencente à jurisdição de Luque. Ali nos separamos da família Gutierrez. Pusemo-nos a trabalhar na destilação da cana, vivíamos isolados de toda a sociedade, contentes entre nossa família, ouvia-se amiúde falar de detenções, seja de paraguaios notáveis, seja de estrangeiros, mas nunca dissemos uma palavra sobre isso a ninguém, pois sempre López tratou como crime as conversas sobre detenções.

Chegou para mim o dia fatal de 6 de julho de 1868: às nove da noite chegou um soldado dizendo que o senhor chefe de polícia queria falar com d. Narciso Lasserre.

Partiu o infeliz para não mais voltar! No outro dia bem cedo meu pai foi ver o cônsul para demandar diligências a fim de saber onde estava meu marido. O cônsul surpreendeu-se ao ouvir que o acreditávamos preso. "*C'est ce que je craignais!*",[3] exclamou. Essa palavra soou mal aos ouvidos de meu pai. "Por que V. S.ª o temia?", perguntou a ele. "O que está acontecendo? Que antecedentes V. S.ª conhece de meu genro para dizer isso dessa maneira?" O cônsul deteve-se, não respondeu diretamente, e fez com prontidão diligências de todos os tipos. Resultou que o sr. Lasserre não estava preso por causa política, e que prontamente estaria em liberdade. Meu pai veio com o chanceler dar-me essa boa notícia. Acreditei nela porque sabia perfeitamente que meu marido nunca se ocupara de nada, e esperei, mas foi em vão. Fui ver o cônsul, o chefe de polícia; sempre a mesma resposta. No dia 12, recebi da prisão a roupa suja, busquei em todas as costuras e achei dois papeizinhos, um escrito com suco de laranja, o outro com uma pena que eu havia mandado escondida no meio da roupa limpa. O primeiro papel dizia: "*On m'a enfermé ici sans me rien dire, on ne m'a pas encore laissé voir le Chef de police*". O outro dizia: "*Je ne sais rien, on ne m'a pas encore interrogé*".[4]

Fui ver o cônsul e soube que meu marido já não estava em Luque, que na véspera o haviam despachado a cavalo para a capital. Eu me afligi sobremaneira com essa transferência, o cônsul se fez de ignorante, mas depois ele mesmo revelou já saber do caso. Estando eu presente, foram chamados ao Ministério das Relações Exteriores os cônsules da Itália e da França, e ao voltar disseram que lhes tinham lido a ordem que mandava pelo telégrafo S. Ex.ª nestes termos: “Dê-se a saber aos cônsules de Itália e França que entreguem como presos toda a gente de sua casa; se não o fazem de bom grado, que sejam presos à força. O sr. de Libertad merece ser também preso, na mesma categoria, por seu mau comportamento, mas pode ainda ficar livre”. M. de Cuverville bancou o furioso dizendo barbaridades de López, como costumava fazer sempre que falava comigo.

Despedi-me aterrorizada, porque compreendi que iam prender todos, em geral: cheguei em casa num mar de lágrimas, anunciando a meu pai e a meu irmão que também eles teriam muito em breve a mesma sorte. Tínhamos em casa dois carpinteiros franceses; às doze dessa mesma noite três soldados vieram prendê-los, duas horas mais tarde veio outro para prender meu pai. Na hora despachei um aviso ao cônsul, que me respondeu com muita amizade dizendo-me que todo mundo estava sendo preso naquele dia: juízes, empregados, estrangeiros, todos estavam sendo levados. “Creio que antes que anoiteça irei sem dúvida eu também, mas, em caso contrário, disponha V. S.ª de mim e de minha casa como sua.”

Passarei por alto o muito que sofri naqueles dias. Não me sinto capaz de conservar-me serena se me ponho a escrever tão tristes recordações. Tinha então minha querida mãe moribunda, fiz esforços sobrenaturais para esconder dela minhas angústias. Passei o dia 15 esperando durante horas que levassem meu irmão, mas voltamos a deitar-nos mais uma noite sob o mesmo teto. Já se havia feito uma trouxa com roupa e comida, para que não saísse tão desprevenido como os outros dois. Às duas da manhã do dia 16 ouviram-se golpes desmedidos à porta, com ruído de armas e cavalos. Gritaram perguntando se Aristide Duprat estava; não nos deram nem a oportunidade de abrir a porta: com empurrões a arrombaram. Entraram três soldados com caras assustadas, olhando-nos como se fôssemos um batalhão contra eles. Todo esse aparato me parecia extraordinário, pois tinham levado com tanta quietude os demais que não esperava tanto barulho para o último. Nossa calma lhes impôs calma também, mas não deram a meu pobre irmão nem tempo de vestir-se, ofereci-me para mandar trazer seu cavalo, um dos soldados me perguntou com ironia se era um cavalo tordilho, disse-lhe que qualquer um; "não", me disse, "trago aqui cavalo para ele". Assim saí para o pátio a fim de despedir-me, fizeram-no montar num de seus cavalos, ordenando-lhe abrir a marcha. Retirei-me para dentro da casa quando, de repente, ouço um movimento. No mesmo instante, volto atrás e chego no momento em que atavam os braços de meu irmão. "Estão te amarrando", disse-lhe, "coragem!" "Paciência, não conte nada a mamãe", ele me respondeu. Até hoje ela o ignora: haviam-no feito apear para isso, não podia mais subir no cavalo. Trouxe-lhe uma cadeira e disse ao sargento: "É inútil que V. S.ª amarre meu irmão. Enquanto viverem sua mãe e sua irmã, V. S.ª tem nele um cordeiro. Se morrermos as duas, então sim, cuide-se; ele saberá vingar-se".

Eu procurava sempre me despedir de meus pobres mártires com serenidade para evitar que tivessem a triste impressão de tão cruel momento, mas esta última vez já foi demasiado, não pude conter um acesso de dor; daquele momento em diante chorei continuamente. Vivia como uma estátua. Fui ver o cônsul, que muito se compadeceu de mim mas não pareceu comover-se com o modo como haviam tratado meu irmão, disse-me que não seria ordem de López, e sim um abuso do sargento.

Mais tarde soube que, chegando à estação ferroviária por volta das três da manhã, aguardava-o ali o chefe de polícia Sanabria com duas barras de grilhões que pôs nele e o despachou em seguida à capital para ser levado a San Fernando, como os demais.

O cônsul ofereceu-me a oportunidade de viver na casa dele, para que não ficássemos tão sozinhas minha mãe e eu. Agradeci muito sua boa intenção, não aceitei mudar-me naquele momento por motivos particulares, mas lhe disse que aceitaria caso houvesse algum movimento, que me poria sob seu teto para aproveitar a imediata proteção que ele tão bondosamente me havia oferecido repetidas vezes. Ali ele se ofereceu de intermediário para mandar minhas encomendas aos presos, pensando que iriam mais seguras com o selo do consulado. Aceitei com agradecimento, e no outro dia fui preparar um caixote, que lhe mandei pelo primeiro que se foi.

Passei sem notícia até o dia 22, em que fui ver o cônsul para saber se não seria bom que, para o 24 de julho,* ele pedisse a liberdade de meus presos. Ele gostou da ideia e, fazendo muito mistério, disse-me que havia um assunto muito grave, de muita importância, ao qual se referiam as detenções daqueles dias. "Que será?", perguntei-lhe. "V. S.ª parece aflito, diga-me o que há." "Uma grande conspiração!", respondeu-me com ar teatral. Como isso era o que eu menos esperava, e considerava como coisa totalmente impossível no Paraguai, ri. "É uma brincadeira", disse a ele, "pois nunca acreditarei que os paraguaios sejam bastante destemidos para se animarem a conspirar. Quanto aos estrangeiros, nem se pensa que possam ter se metido em algo. Bem sabe V. S.ª, como eu, que eles são ovelhas e que nunca serão tampouco bastante tolos a ponto de sonhar com uma revolução que para eles nada importa."

"Espero", disse o cônsul, "que sejam poucos os envolvidos, mas há alguns, como Pozoly e outros, que são boas-peças

* Dia de são Francisco Solano e aniversário de López.

e muito intrometidos em tudo." Argumentei com ele perguntando como um homem com os cinco sentidos alertas podia ver algo de bom naquela conspiração, a qual lhe disse ser uma farsa, mas supondo que estivesse certo, tinha as maiores esperanças de que minha família logo fosse posta em liberdade, pois eles nunca haviam ouvido falar de tal coisa. Retirei-me para escrever minha súplica, que mandei para o cônsul no dia 23, para que, em cumprimento de sua palavra, ele a enviasse a López.

Passei alguns dias à espera de uma resolução. O cônsul veio ver-me e disse que não mandara o meu papel porque o senhor presidente havia dito que ainda não poderia receber súplicas, que estava muito furioso, que mais valia aguardar até o 16 de outubro.* Chocou-me a maneira simples como ele estabelecia um prazo tão longo para essas detenções, que ele mesmo achava tão injustas quanto eu. Disse isso a ele, que me respondeu que não via outra festividade mais próxima.

Preparei outra encomenda, o encarregado a depositou sobre a primeira que levara quinze dias antes, pois ainda não a despachara. Nesses dias o cônsul foi visitar López em seu acampamento. Na volta me disse que todos os meus estavam bem, que não precisavam de nada, que aquela mulher má de quem já falei se tornara a protetora de todos os presos

* Dia em que López foi elevado à Presidência.

estrangeiros, que lhes mandava até cigarros e aguardente, que também havia mandado dar roupa a alguns necessitados. Vale notar que isso ele me dizia desde que o senhor presidente passara a habitar a cidade de Villeta; depois fiquei sabendo que, antes de sua fuga de Passo Pucu, o verdugo dera cabo de todos os prisioneiros. Não sei se o cônsul estava enganado, o certo é que ele me enganava.

Continuei mandando encomendas. Chegou outra ocasião em que ele tornou a ir a Villeta, foi quando veio a canhoneira francesa. Ele veio primeiro a minha casa para avisar que o ministro francês em Buenos Aires, M. Noel, mandava a canhoneira em troca dos franceses que eram dignos de algum interesse. Respondi que, nessa ocasião, todo francês, por pouco que valesse, era digno de todo o interesse, pois tratava-se de escapar de uma prisão certa ou de morrer de fome.

Perguntei-lhe se tinha certeza de que meus familiares viviam, pois eu havia mandado ao exército vários espiões, que me diziam que já não existiam. O cônsul até se impacientou com minhas contínuas perguntas e disse várias vezes que não sabia como se explicar para me convencer de que eles e também os outros não somente estavam vivos como ainda eram muito bem tratados. Ele me respondia com convicção sobre as três pessoas de minha família. Então lhe disse que ficaria no Paraguai porque, se eu fosse embora, temia a vingança de López pelo que eu pudesse falar mais tarde. Disse que me animava a sofrer tudo o que me aguardava se subíssemos a cordilheira, pois não duvidava que passaríamos muita miséria. Ele me respondeu que não acreditava que López se vingaria da minha partida castigando os prisioneiros, mas que não me aconselhava partir; que não havia nada a temer quanto à ida às cordilheiras; que de um dia para outro entrariam os inimigos de repente, antes que recebêssemos ordem de mudar de lugar; que, no tocante a ele, tinha recebido do ministro francês a ordem de não se mover de Luque senão para voltar a Assunção. "E seus súditos?", disse a ele. "V. S.ª não os protegerá contra a ordem de saída em virtude de que V. S.ª não sairá daqui." "Sobre isso o ministro não me deu nenhuma instrução, mas não se preocupe, V. S.ª não irá à cordilheira. Se receber alguma ordem, avise-me, quando chegar a hora lhe direi o que deve fazer." Retirou-se. Veio no outro dia um francês chamado Theophilo Jauté despedir-se de mim e me oferecer dinheiro e amido, pois sabia que eu não partia para França e que ia necessitar. Agradeci-lhe; aceitei, caso me fosse possível, mandaria buscar um pouco de amido, pois havia me esquecido de mencionar aqui que em 12 de agosto o chefe de polícia mandara buscar todos os meus cavalos, e que os fornecedores me tomaram as mulas, de modo que me restara apenas o carro, o qual só poderia usar com mulas emprestadas.

Esse francês disse que o cônsul aconselhava todos a ficarem no Paraguai fazendo-lhes mil representações; que muitas pessoas não iam embora em função do que se pedia pela viagem; que o cônsul havia oferecido dinheiro emprestado mas que ele tinha como pagar.

Estranhei muito isso, pois sempre ouvira dizer que os navios de guerra mandados a propósito, como nessa ocasião, não cobravam pagamento; não soube como se ajustaram depois; o que sei é que alguns não foram porque não tinham como pagar a passagem aqui nem na França.

Quando o cônsul voltou para levar os poucos que iam, entrou em casa dizendo-me que trazia uma boa notícia, que muito me alegraria: "S. Ex.ª manda dizer que pode escrever aos prisioneiros". Foi para mim uma festa, averiguei o que ele sabia de cada um em particular. Disse-me que eles não estavam muito comprometidos, nomeou os doze mais comprometidos, me contou uma porção de histórias sobre certas declarações de uns e outros, menos dos meus, por fim ofereceu-se para me mandar o processo da conspiração a fim de que eu visse e me convencesse da existência dela, na qual não me decidia a crer. Para desvanecer até a sombra dessa ideia, bastava saber em que medida os meus estavam sendo acusados de participar de tal conspiração. "Se há declarações dos meus, aceito", digo a ele, "porque tenho curiosidade de conhecer o papel que se lhes atribui; se não há nada sobre eles, não quero ler essa série de invenções." Por mais esforços que ele fizesse para me convencer, eu encontrava sempre verdades sangrentas para responder-

-lhe, com provas de que tudo não passava de uma comédia ou tragédia inventada para roubar a aduana e confundir o mundo inteiro sobre a perda certa desta guerra. Demonstrava que López era motivado por traições, e a causa mais importante fora enterrar seus segredos na figura de todos os empregados que o serviam. Já se viu a prova clara de que eu tinha razão, pois até agora continua degolando aquele que sabe de suas malogradas intenções, substitui-o por um ignorante que, pouco tempo depois de executar suas ordens pontualmente, é punido sob o pretexto de que já não executava tais barbaridades.

Ah! A política de López era tão clara e ao mesmo tempo tão obscura. É preciso que os paraguaios que te seguem sejam atraídos como são pelos olhares dessa mulher má* que já te embruteceu e te manipula como marionete, brincando de papai com seus lopezinhos enquanto ela banca a presidenta e generala no comando do Exército, rodeada de bonitos generais e despachando os ofícios, os castigos para as oficiais demasiado coquetes, com cabelos suficientes para evitar imensas perucas, inevitáveis a um crânio pelado de tanto pensar com essa cabeça angelical que brincou de boneca com os diplomatas estrangeiros, o anjo de M. de Cuverville.

Mac Maon foi o carinhoso aio dos lopezinhos, segundo se diz, e, todos envolvidos do mesmo modo nessa teia de aranha,

* Mme Linch.

não sabem sair daí e aí perecem quando deixam de ser necessários. Com os tormentos mais horríveis, são acusados, por exemplo, de passar dinheiro e víveres aos brasileiros, ouçam de que modo, parece que as laranjas-azedas também servem para esse efeito. Sorte de quem não conhece esses dois cômicos ambulantes que vão logo fazendo seu ninho nas árvores do território brasileiro, pois sob tiros já não têm aonde ir, a não ser o território inimigo. Talvez então o remorda a consciência e receba dela seu castigo como desertor, que graça! Deixo-me levar para outro ponto e esqueço o mais importante, pois escrevi três cartas. Fui ao cônsul saber para onde deveria remetê-las, me indicou a polícia. Na conversação que tivemos esse dia, disse-me que corriam duas vozes: uma dizendo que os traidores haviam roubado 5 milhões de patacões da aduana; outra afirmando que López tinha feito correr a primeira voz para carregar o tesouro; faltava saber onde estava. Desconfiei dessa pergunta sobre o tesouro, feita em voz alta e clara em sua casa, onde havia criados e espias, e me lembrei então do que esse sr. Gauté me dissera a respeito de M. de Cuverville: "*Il nous a vendus, Madame, je le sais; la fin fera voir que notre consul a été notre espion; il dit, un jour qu'il avait beaucoup bu devant plusieurs Français: 'Il ne tient qu'à moi d'être millionaire: on m'offre un million de ma signature, j'ai refusé'; eh bien, Madame, il a accepté, je vous en réponds, autrement le gouvernement Français ne serait pas trompé sur le véritable sort des Français, méfiez-vous de lui; il nous laissera périr ici, il nous a vendus*".[5] Quis defendê-lo porque achava-o incapaz de uma baixeza proposital, mas não pude esquecer esse "*méfiez-vous*" do paisano. Ainda assim, respondi com franqueza, em tom alto, que o tesouro viajava, que naquele momento havia se refugiado num monte em Caacupé; ali me falou de seus temores diários de ser preso; disse-lhe que não temesse semelhante coisa, quem mais senão ele dançaria o galope cada vez que López ganhava suas vitórias, que até que não houvesse dança podia ficar tranquilo, que depois não respondia. Me despedi e fui levar minhas cartas e encomendas ao chefe de polícia e me retirei para a quinta. No dia 2 de dezembro fomos com a sr.ª Gutierrez visitar a senhora do cônsul italiano; nisso chegou um homem trazendo pequenos cartazes ordenando a todos, tanto estrangeiros como nativos, que fossem à capital para tirar o que quisessem de suas casas, pois a partir do dia 6 do mesmo mês estaria proibida a entrada. Quis aproveitar a ordem, mandei um criado francês tirar licença. Mandei-o com um carro, acompanhado da sr.ª Gutierrcz, que ia com o mesmo fim. A ela entreguei as chaves de minha casa para que fizesse retirar alguns itens separados. Lá chegaram e, não podendo a sr.ª Gutierrez entrar em sua casa por não ter as chaves, que estavam com o juiz, foi abrir a minha. Já não podiam servir as minhas chaves, estavam vencidas todas as fechaduras, foi a duras penas que o criado, passando por cima de uma muralha, entrou e abriu as portas. Entrou a sr.ª Gutierrez, determinada a almoçar, quando o juiz Larrosa apareceu furioso pelo fato de ela ter entrado em casa alheia. Ela lhe mostrou um papel que eu lhe dera e as chaves. "E de onde tirou V. S.ª essas chaves?", perguntou o juiz. "A proprietária as entregou a mim." "Como é que existem chaves se eu tive que mandar fazer estas" (mostrando-lhe um molho) "para poder entrar?", questionou o juiz.

"Será porque não pediram as chaves?", respondeu ela. "V. S.ª deveria ter evitado fazer chaves falsas, que é coisa de ladrão. Só no Paraguai veem-se semelhantes coisas!"

"Eu não tenho culpa, senhora", disse o juiz. "Fiz as chaves por ordem do Governo." Dali passaram a outros quartos buscando o que eu tinha pedido: uns garrafões de vinagre (já não existiam), uma caixa de cigarros (já nenhuma havia). O juiz não permitiu que me trouxessem livros, eram franceses e ingleses, e ele não os entendia. Pediu à senhora as chaves do meu escritório dizendo que somente conseguira abrir duas gavetas e que, para não quebrar as outras, dissera que nada continham. "Pois continue V. S.ª dizendo assim", respondeu-lhe ela; "não lhe darei as chaves." Assim, do mesmo modo, todos os presentes perceberam que o juiz tinha chaves falsas e havia entrado por todas as partes.

A sr.ª Gutierrez encontrou todos os armários vazios, os móveis do quarto revirados, um armário e uma escrivaninha quebrados; ela reptou o juiz, que sempre lhe respondia que ele não tinha culpa, que fazia tudo por ordem do Governo. Voltaram à quinta no dia 6 de dezembro de 1868. Na mesma tarde o sargento urbano de nossa companhia passou por todas as casas dando ordem de desocupar o território. Não veio a minha casa nem à de Gutierrez; mandei meu criado perguntar-lhe se eu não estava incluída nessa ordem, me mandou dizer que fosse perguntar ao chefe em Luque, que no outro dia me responderia. Com efeito, veio me dizer que o chefe político era quem ordenava a saída, me mandava dizer que aos estrangeiros não podia ordenar nada, que a única coisa que eu podia fazer era obter autorização da polícia para subir a cordilheira. Mandei avisar o cônsul sobre isso. Ele me respondeu que não me movesse até receber ordem formal. Fiquei esquecida com a sr.ª Gutierrez nessa quinta, no entanto me afligia tal silêncio. Pedi ao cônsul que me emprestasse as mulas que me oferecera. Ele mandou dizer que naquele momento já não as tinha, que um carreteiro havia desaparecido com elas, que a polícia estava avisada, e que o que devolvessem estava a minha disposição. Perguntou ao criado se eu queria as mulas para fazer a viagem das cordilheiras. "Não, senhor", disse o outro, "a senhora ainda não recebeu ordem alguma." "Oh! ordem, ordem, a senhora aguarda ordem de que jeito? Não sabia que o senhor presidente queria ser respeitado em seus desejos? Ele se vingará se não lhe fizer o gosto, e da maneira mais terrível!" O criado replicou que da mesma maneira ele fora aconselhado. "Assim é certo", disse, "mas agora seria melhor que partisse sem ordem; por fim, que faça o que queira, eu a aviso das consequências, ela é quem sofrerá por seu capricho." Veio contar-me tudo esse criado, então decidi mandar o carro com uns poucos trastes para Aterá, à casa de uma amiga. Para que não fosse tão desprevenida se chegasse a ordem, mandei buscar as mulas no outro dia, mas ele encontrou a casa toda fechada. Mme Anglade e Ducasse, o cozinheiro, eram os únicos habitantes do consulado. Disseram-lhe que as mulas já não voltariam, que o cônsul tinha ido a Piribebuy com uma carreta carregada, que levara uma cama, que havia dito que passaria as festas do 25 ali, e que voltaria logo. Sabendo disso, fiquei em silêncio aguardando ordens. Passei assim até o 1.º de janeiro de 1869. Às doze chegaram dois sargentos trazendo ordem para que se apresentassem os homens de minha casa ao comando de Luque. A sr.ª Gutierrez estava em casa com toda a sua família, de maneira que se encontravam em casa três homens: meu criado, que era um francês, Luis Ribiere, o dependente da casa Gutierrez, o argentino Juan Benites, um cozinheiro espanhol, Antonio Cambone. Despachei-os com um papel dando satisfações ao comandante sobre a estada desses homens em minha casa.

Ele os mandou de volta em dado momento, outra vez com a ordem de nos aprontarmos para fazer com a maior brevidade a viagem da cordilheira. Mandei-os buscar pelo campo uns cavalos velhos que tinha voltado a comprar para o serviço da casa, mas enquanto saíram para o campo, caiu uma espantosa chuva torrencial que os impediu de recolher os animais. A duras penas foram encontrados dois cavalos da sr.ª Gutierrez, uma mula e duas éguas fracas, alheias. Pareceu-nos impossível partir tão desnudas, sem comida: fizemos um último esforço, a sr.ª Gutierrez mandou meu criado com uma carta para M. Chapperon, cônsul de Itália, que nos havia feito sempre mil oferecimentos, pedindo-lhe que nos emprestasse mulas ou bois para levar algo em nossa ida. Ele respondeu por escrito dizendo que era impossível mandar-nos animais porque não poderíamos devolvê-los; chamou em particular o criado, disse-lhe que M. de Cuverville tinha chegado de Piribebuy naquela mesma noite, que me contasse que López escapara milagrosamente dos inimigos, que já estava refugiado nas cordilheiras, que os brasileiros haviam derrotado completamente o Exército paraguaio e tomado todos os presos vivos. Então disse ao criado: "Seria bom que Mme Lasserre se escondesse por dois dias: se os presos estão livres, logo estarão aqui. Isso é mais delicado, não sei o que aconselhar-lhe, mas me parece melhor que cumpra a ordem em vez de se arriscar a ser maltratada pelos espiões, claro que antes de quinze dias tudo estará concluído". Quando soube disso, tomei alento, contentes subimos a cavalo, cada uma com uma trouxa contendo duas mudas de roupa de baixo. Fomos chegando às duas da tarde do 2 de janeiro ao comando de Luque, escoltadas por dois soldados armados. O comandante recebeu-nos com cara de vinagre, perguntando-nos qual de nós chefiava a casa, lhe mostrei mamãe. Perguntou a ela por que não tínhamos desocupado o território antes desse dia, respondeu-lhe que não havíamos tido ordem. "Pois deviam ter saído sem ordem." Encerrou o interrogatório, escreveu uma autorização que entregou a um sargento urbano velho a quem confiou nossa condução até a polícia de Piribebuy. "Eu as alcançarei no caminho", disse-me o comandante com amabilidade. "Já desocuparei este ponto nesta mesma tarde com toda a minha gente." Efetivamente estavam os restos das tropas e os poucos sargentos urbanos reunidos na praça com suas trouxas, esperando a última ordem. Seguimos o sargento, chegamos por volta das quatro ao novo arsenal de Yukirí. Havia um grande vaivém, estavam passando máquinas em canoas, carregando vagões com máquinas, enfim, era uma mudança completa. Fomos dormir a três quadras dali, numa casa desocupada. Como às onze da noite ouvimos um barulho de cavalos e gente, apareceu um oficial ferido contando sua gente, chamando cada um por seu nome. Nem a metade respondeu, quase todos haviam fugido. Perguntou-nos que gente éramos, lhe dissemos; pediu que o deixássemos pôr sua maca debaixo do galpão; foi admitido, deitou-se, lavou uma ferida velha, cheia de vermes, e da sua maca enviou espiões, posicionou sentinelas, foi um ruído contínuo dali em diante. Não pudemos dormir; de todos os lados chegavam soldados para reunir-se ali. Amanheceram mais de cem almas; também chegou o comandante de Luque para reunir-se ali com alguma gente. Passaram os vagões carregados dos trastes dos armadores, seguidos por cerca de sessenta oficiais e alguns ingleses. Deram-nos ordem de partir. Mandei encilhar os cavalos, faltou-me um, seguimos nosso caminho em meio da soldadesca que levava aguardente, a qual todos tomavam no caminho. Assim fomos andando até chegar à estação de Areguá. Ali ficamos descansando numa casinha isolada. Fiz matar uma ovelha. Enquanto se cozinhava, começou a chover, e seguiu por toda a noite, sem descanso, uma forte tempestade. Tínhamos muitas esperanças de que o Exército aliado nos alcançasse ali, fiz a sr.ª Gutierrez fingir-se de doente para ganhar tempo, mas às oito da manhã melhorou o tempo e não houve mais desculpa. Tivemos que montar a cavalo e dirigir-nos da encosta do lago Ypacaraí, em Tacuarales, até Paso. A água do lago estava muito alta, mas nenhum de nós conhecia o perigo que íamos correr. Vimos embarcar gente numa canoa; lá mandei meu criado para ver como era e trazer-nos outra vez a canoa. Voltou bem rápido: assim acreditamos que todo o trabalho seria para a passagem dos cavalos. Chegada a canoa, embarcamos. Em certo ponto reuniram os cavalos, tornaram a encilhá-los na água, e ali mesmo, da canoa, montamos nos cavalos. O sargento não sabia o caminho e ia nos guiando. Às vezes seu cavalo inteiro afundava na água; nós, que estávamos atrás, queríamos evitar esses maus caminhos, fazíamos uma volta, nosso cavalo entrava até a anca, e saíamos. Tivemos tal temor de precipícios, voltas e trechos ruins que meu criado se adiantou a pé para calcular os passos. A cada instante o víamos desaparecer e surgir outra vez, buscando a melhor passagem. Assim, durante três horas, andamos em dúvida se nos afogaríamos ou não. Quando alcançamos a ponte, mamãe desmaiou. Tínhamos passado sobre a água as piores horas de sol; as angústias que padecíamos umas pelas outras tinham nos alterado a tal ponto que mamãe, ao recuperar-se do desmaio, teve uma febre muito forte. Depois da ponte havia mais água a atravessar até chegarmos à casa de d. Luísa Jeli, onde havia uma guarda paraguaia; ali fomos nos hospedar. Nessa mesma noite pessoas iam à estação de Tacuarales e dela vinham. Traziam tudo o que podiam de roupas e bebidas encontradas numa quantidade imensa de baús que uns oficiais paraguaios tinham quebrado e saqueado sob o pretexto de que os inimigos não aproveitassem seu conteúdo. No outro dia não amanheceram a mula e um dos melhores cavalos. Por sorte passou uma carreta onde coloquei mamãe e fomos andando cerca de duas léguas até outra casinha abandonada. Ali chegamos no instante em que passavam gente e soldados gritando: "Os inimigos, os inimigos". Tivemos um bom momento de esperança no tropel; um soldado nos roubou um atado com cinco redes de descanso finas, nós o seguimos e lhe tiramos o que roubara. Ele se desculpou dizendo que o levava para que os negros não o aproveitassem, não conseguimos senão rir: algumas vezes os paraguaios são ladrões muito graciosos. No outro dia que ali passamos veio um sargento nos tirar mais um cavalo, de modo que ficamos com apenas um animal para cinco pessoas; não sabíamos como nos determinar a nos mover. Esse sargento me disse que tinha facultado tomar de qualquer pessoa sua roupa, seu poncho, por fim, tudo o que desejasse, que agradecêssemos sua bondade; despediu-se. Decidimos mandar nosso sargento de carreta para pedir ajuda. Dali ele foi até Piribebuy, e durante sua ausência adoeci de insolação, que redundou em febre. Três dias mais tarde, ainda estava muito mal quando um sargento estranho ordenou que subíssemos a cordilheira. Mamãe montou o único animal que nos restava e fomos todos os demais a pé, caminhando pela primeira vez. Chegamos ao cimo da cordilheira por volta das duas da manhã, fizemos um caldo, eu já começava a sentir calafrios quando apareceu o sargento que nos havia tomado o último cavalo dizendo que traria uma carreta. Pediu meu nome e o de todos os meus companheiros de viagem, despachou o papel a Ascurra, tomou uns bois cansados que voltavam de serviço, jungiu-os a uma carreta arruinada, ordenou que subíssemos, eu muito doente e mamãe também. Iam dois soldados adiante e dois atrás; assim nos ia levando feitas prisioneiras, sem descanso nem explicação. Muito mais tarde determinou um descanso. Ali chegou o sargento que tinha nosso passe com ordem do chefe de polícia de tirar carretas de auxílio, de região em região, até chegar a Piribebuy. Ali se falaram, mas o que nos levava não quis nos entregar ao primeiro; assim que nos foi levando com presteza até Piribebuy. Ele nos fez passar por Caacupé, que causou em nós uma horrível impressão: nunca pensei ver uma miséria mais espantosa, um conjunto de todo tipo de infelizes em meio a um fedor que nos obrigava a tapar o nariz, pois o caminho estava semeado de gente e animais mortos, desde a boca da picada até Piribebuy, aonde chegamos. No dia 11 de janeiro, depois de um longo interrogatório dos dois sargentos, fomos feitas prisioneiras, do lado de fora, em frente à guarda. Dois franceses vieram ver-me e contaram-me que o cônsul, depois de haver-lhes prometido que não desocupariam Luque, se negou a protegê-los no último momento, dizendo-lhes que o consulado não era hotelaria. Contaram ainda que depois tinha vindo visitá-los, e que ali se despediu dizendo que havia alugado uma casa e que voltaria dali a quinze dias para protegê-los. Mais tarde eu soube que naquela noite o prenderam com Carlitos, que ele ia como secretário do cônsul de Itália e que, com ajuda deste último, quebrou os mourões de uma cerca, escapando o ditoso senhor das garras de López. Depois outras pessoas pediram para me ver, ele não permitiu que falassem comigo. Assim passamos a primeira noite no chão. No outro dia, a menina Gutierrez amanheceu muito doente. Pedi um médico, mandaram-no. Ele disse que era preciso ao menos curar-nos oito dias antes de tudo, pois estávamos em muito mau estado, e verificar se não podíamos sair em busca de um quarto. Fui ver Solalindes, que me negou toda assistência, e com bastante dureza, dizendo que eu não pararia em Piribebuy; retirei-me. Tive febre três vezes esse dia. O sol era tão forte que quase me matou. Solalindes deu ordem ao cabo para que me recusassem tudo o que pedisse, porque não queria ser molestado por mim. Dormimos outra noite ali. No outro dia perguntei se podia mandar lavar roupa, respondeu-me que não, que ao meio-dia me despacharia para Yhú. "E por que me manda V. S.ª ali?", perguntei-lhe. "É ordem do Governo", respondeu. "E como irei?" "A pé", disse, olhando-me como um tigre. Disse-lhe que era muito estranho que, depois de terem me tirado todos os cavalos, me mandassem ir tão longe a pé. Respondeu-me que o Estado não tinha carretas para meu serviço. Refleti um pouco e pedi licença para ir ao povoado a fim de comprar alguns animais ou alugar carretas. Consentiu. Saí mais morta que viva, percorrendo pela primeira vez em minha vida casas estranhas como uma mendiga, perguntando por cavalos e carretas. Corriam-me as lágrimas apesar dos esforços que fazia para serenar-me; era impossível. Encontrei d. Benito Rolon, que se compadeceu de mim e foi me comprar um cavalo; um soldado buscou uma égua, já eram três animais, mas não era suficiente e não sabia onde ir buscar mais. Fui à casa do ministro Falcon dizer-lhe o que me sucedia, ele me aconselhou a procurar o juiz local e suplicar que me desse uma carreta. Fui. Ele me recebeu muito bem, me prometeu a carreta. No outro dia Solalindes me fez comparecer à polícia para fazer meu passaporte. Ele me perguntou sob que condições fui pedir a carreta ao juiz. "Alugada", disse-lhe, "porque não pedirei esmola a não ser quando já não me reste um real." "Bem", ele disse, "V. S.ª pagará oito pesos pela carreta, de chefatura em chefatura, até chegar a seu destino, assim porei no passe." Pedi-lhe que não desterrasse os criados, que os deixasse livres para nos seguir ou não. Ele não quis e os pôs no passe, acompanhando-nos como residentes em Yhú. Subi na carreta justo na hora da febre, no dia 14 de janeiro de 1869. Íamos para San José, que era onde devíamos mudar de carreta. Fomos sem embaraço. Ali o chefe de polícia nos acomodou num galpão e nos despachou muito amável às doze do outro dia. Marchamos para Ajos, todas muito doentes. Lá chegamos, puseram-nos num galpão. Qual não foi minha surpresa quando me vi no meio de uma porção de senhoras da capital, às quais perguntei o que faziam ali todas elas. Responderam-me que era o mesmo que eu. Contei-lhes que estava destinada a Yhú. "Nós também", disseram-me. Dormi perto da sr.ª de Arias, que tive a honra de apreciar nessa mesma noite como uma das melhores paraguaias possíveis. Tal foi sua bondade que tomei por ela um carinho de irmã, o qual não foi desmentido até o presente. Ela me animou muito, me curou; por fim, por meio dela revivi.

Passamos o dia seguinte em Ajos. Ali soube que muitas estrangeiras estavam também *destinadas*, foi então que conheci o motivo da ordem de destino de 2 de janeiro, feita em Ascurra.

No segundo dia foram preparadas seis carretas e nos despacharam em grupo para Carayaó, tratando de causar-nos um medo terrível pelo estuário que íamos cruzar. Tivemos uma agonia terrível em pensamento, pois nos víamos já enterradas, com carreta e tudo, num lodo hediondo. Mas não podíamos nos deixar abater, por fim chegamos em dois dias a tal estuário, que cruzamos voando. Tal fora o susto que havíamos tido antes que nos pareceu uma tolice, e rimos muito de nossos temores. Fomos chegando ao Tossatyrí, que atravessamos em canoa, ali veio o juiz de Carayaó buscar-nos para colocar-nos em casinhas perto do rio, aguardando que viessem nos buscar em carretas para conduzir-nos à capela, que distava duas léguas. Recomendou-nos aos donos da casa, que foram muito atentos, e no outro dia mandou seis boas carretas para buscar-nos. Chegamos a Carayaó, ele nos deu quarto, ofereceu-se a nós em tudo, serviu-nos como um cavalheiro. Seu nome é Nicolas Larrosa, a mim em particular me obsequiou por ter sido antigo amigo de meu irmão. Agradeci-lhe duplamente, porque já tinha sido muito desprezada por ser de família de traidores, e ele me obsequiava em lembrança de um deles. Ali estive como para morrer, muito enferma. No outro dia, saí desse povoado para Santa Ana, jurisdição de San Joaquín; chegamos sem tropeço. Lá já não havia mais que três carretas, as quais só podiam receber carga; tivemos que aguardar dez dias. Estando ali, a sr.ª Gutierrez recebeu uma encomenda de M.me Lynch com uma carta que não quis me mostrar. Mais tarde, estando ela enferma, tive que revisar esses papéis e, vendo meu nome num deles, li a carta. Nela M.me Lynch dizia que ela fazia muito mal falando-lhe em suas cartas das sr.as Duprat e Lasserre; que sua intenção não era influir em nada sobre suas amizades, mas que não podia furtar-se a dizer-lhe o mal que fazia pronunciando nosso nome. "Quero crer", dizia, "que essas senhoras ignoram a parte que seus esposos tiveram na conspiração, mas lhe direi as declarações dos mesmos criminosos. O sr. Duprat pai foi um dos mais ativos conspiradores, espião brasileiro em correspondência com o barão de Villa Maria. Encontraram-se muitas cartas escritas por ele, cartas muito comprometedoras, mas S. Ex.ª quis fechar os olhos sobre isso, deixou-o em liberdade. O sr. Lasserre, agente perigoso da conspiração, recebeu uma grande quantidade de dinheiro da aduana para manter vários conspiradores e mandou em seguida uma forte soma; por fim o sr. Aristide Duprat fora escolhido entre os conspiradores para cravar o punhal assassino no coração da augusta pessoa de S. Ex.ª. Já pode V. S.ª figurar-se o mal que faz sendo estreitada com elas, e sem elas estaria agora ao lado de seu esposo."

Quer dizer que a culpa pela detenção de Gutierrez era minha. Como já disse, ignorei isso por algum tempo, assim, aos dez dias seguimos viagem; depositaram-nos em outro lugar, chamado "a Escola". Ali não havia quarto nem galpão; desci da carreta com febre, começou a chover, não houve onde nos resguardar. Quase morri por ter ficado tanto tempo molhada, mas eu queria viver a todo custo para voltar a ver meu Narciso. Creio que, nas circunstâncias em que me encontrava, a esperança me salvou. Tivemos que passar nesse lugar aguardando carretas, então vimos uma casa vizinha; hospedamo-nos num galpão todo aberto, e ali vivemos um mês e seis dias. Os criados da sr.ª Gutierrez se desgostaram, o meu estava com as pernas miseráveis de sarnas, de modo que nos últimos dias me determinei a fazer um esforço e sair para a rebusca; isto é, para buscar a vida. Montei um cavalo que meu pouco peso fazia bambolear e fui passando água e lama, caindo e levantando-me para ver se encontrava algo. Voltei com oito espigas de milho e três mandiocas. Veio por fim a carreta que nos levaria até a capela; os caminhos eram horríveis. A subida da serra foi difícil para as carretas, mas chegamos sem tropeço. Chegamos a San Joaquín à meia-noite, o juiz recebeu-nos bem, deu-nos um bom quarto, ofereceu-nos descansar ali o quanto quiséssemos. Não aceitamos, desejosas de chegar a Yhú, pois nosso dinheiro terminava. No outro dia, seguimos até Yhú; gastamos dois dias em viagem, entramos na capela em 21 de março de 1869. Hospedaram-nos as sr.as de Rebandi e Susine. Dali nos apresentamos ao juiz, que nos recebeu muito bem, nos inscreveu como povoadoras e disse que podíamos nos deslocar sem passe até uma légua ao redor da capela. Disse ainda que buscássemos prontamente capoeiras ou que faria com que nos dessem terreno para semear; que ele nos daria todo tipo de sementes. Retiramo-nos. No dia seguinte, vieram sargentas da região querendo nos obrigar a ir pessoalmente ao monte cortar paus para fazer cercas. Empreguei mil manhas para não ir, mas era uma contínua mortificação. Éramos ainda senhoras delicadas, sendo tratadas pior que negras por essa plebe que tinha ordem de fazer-nos sofrer. Fui queixar-me ao juiz, que me disse que não podia intervir nas ações da sargenta, pois já éramos povoadoras, sujeitas a fazer as obras públicas como os vizinhos. Foi ali que soube o conteúdo da carta que mencionei. Separei-me na hora da sr.a Gutierrez: vi que minha companhia lhe causaria prejuízo e esperei que M.me Lynch a atendesse, vendo que já não estávamos juntas. Fui viver numa casa distante da capela cerca de uma légua. Sob certas condições, davam-me de comer. Meu criado me abandonara, pois não podia comer apenas feijão sem sal. Como eu não tinha outro alimento, não pude oferecer algo melhor. Ele então buscou sua vida onde quis, e nós fomos para essa casa. Ali eu ensinava quatro crianças a ler e escrever. Por gosto, ajudei a senhora a fazer as tarefas de uma casa de campo. Dela obtive muito carinho, pois atendia mamãe com uma delicadeza que não se desmentiu nos cinco meses em que fomos suas hóspedes. Nunca me esquecerei dessa camponesa. Singela e hábil em tudo, de maneiras nobres e bondosas, reunindo em si todas as qualidades de uma grande senhora, que, mesmo sem dinheiro e fazendo todo tipo de trabalho, poderia sem receio ocupar um bom lugar num palácio. Lembro-me dela sempre com seu sorriso benévolo e seu porte ao mesmo tempo elegante e majestoso, trazendo o almoço na cama para mamãe. A mulher que descrevo é uma paraguaia, uma exceção; chama-se Mariana Paredes de Villagra, nascida e criada em Yhú. Essa mulher me fez passar o tempo sem o sentir: estávamos bem, muito bem: até o princípio de setembro não ocorreu nada particular. No dia 2 ou 3 desse mês apareceram doze soldados gordos, bem-vestidos, sobre cavalos regulares. Desconfiou-se deles, mas por fim foram admitidos como paraguaios de López, e festejados. Pediam faixas amarelas e verdes para adornar seus sombreiros: todas as senhoras as deram. O oficial que os comandava conversou com o comandante de Yhú: disse-lhe que sua tropa era composta de quinhentos homens, que buscavam o presidente, que ele viera ver se o caminho estava limpo, que tivesse a bondade de dar-lhe um homem para despachar um aviso anunciando que podiam avançar, que não havia obstáculo. Assim se fez, mas o oficial disse que tinham saído com pressa de Vila Rica, pois os inimigos estavam atrás, que se tivessem alcançado a tropa já estariam derrotados, que não podia assegurar quais se apresentariam primeiro. Caso fossem os inimigos, aconselhou o comandante a render-se ou esconder-se nos montes. Despediu-se e partiu com seus homens, deixando a população num grande alvoroço. O padre de San Joaquín mandou um mensageiro dizer que ele se preparava para receber os inimigos, assim chamaram os paisanos para uma assembleia. Dispuseram-se guardas e, na dúvida sobre se vinham paraguaios ou brasileiros, os espíritos foram se exaltando até o ponto de declarar, sem mais notícias, que se aguardavam inimigos. O comandante mandou até certo ponto soldados com bandeira branca para evitar que bombardeassem o povoado; o juiz fez reuniões onde se ensinava a dar vivas dignos dos libertadores da pátria, e de modo semelhante se chegou até a loucura de preparar coroas com as cores brasileiras para receber aquele exército.

Houve pessoas entre as *destinadas* que se ofereceram em alta voz para vingar-se do comandante. Ele soube disso e, acreditando realmente que o matariam, começou a gritar que buscaria o presidente e se vingaria das *destinadas*, em particular de duas famílias, além de obrigar o juiz a segui-lo, infundindo-lhe medo de López e dos inimigos. Assim foi que todos partiram, deixando-nos sozinhas. À noite voltou o juiz com uma ordem de que as *destinadas* caminhassem até Curuguaty. Mas esse homem estava tão assustado e apurado que nem reuniu aqueles a quem deveria dar a ordem; deu-a a algumas pessoas que se achavam nos arredores, as quais deveriam transmiti-la às demais. Determinou ainda que as *destinadas* se mudassem a todo galope. A ordem se espalhou, mas como não havia quem representasse a lei e as obrigasse a marchar, poucas pessoas se moveram. Dali a dois dias veio um sargento mandado pelo juiz dizer que nos aguardava no rio Ybicuí, que nos apressássemos, pois do contrário ele obraria de outro modo. Muitas *destinadas* partiram com ele, outras tantas se puseram a caminho para reunir-se ao sargento mais tarde, por fim as últimas andamos devagar, em movimento lento, aguardando de hora em hora uma reviravolta. O juiz seguiu seu caminho pelos montes. Tínhamos a desculpa, se viesse o exército de López, de que considerávamos o juiz um foragido, pois ele partira antes de nós, sem se preocupar se o seguíamos ou não; e, se fossem os brasileiros, estaríamos salvas. Assim fomos dando tempo ao tempo; duas de nós escreveram ao comandante do Exército suplicando-lhe que, se ele não pensava em chegar a Yhú, que prontamente mandasse alguma força para custodiar-nos. Um jovem paraguaio levou a carta, prenderam-no e golpearam-no, mas morreu sem revelar as autoras da carta. Por fim, chegou um destacamento da cavalaria comandado pelo capitão Aquino, um mulato enegrecido que chegou pelo caminho que levava ao monte onde as famílias estavam escondidas. Acolheu muito a todas, dizendo-lhes que fossem a sua casa, que o juiz era um traidor que queria levá-las ao inimigo, que não podia haver tal ordem de López determinando nossa partida, visto que ele não se encontrava.

Contentes nós todas, voltamos a nossa casa, a nossos trabalhos. Não presenciei os bailes que houve na capela, nos quais não se davam vivas. Os soldados pediam faixas com as cores do Império, os oficiais não eram conhecidos dos soldados, nem estes entre si se conheciam. A coisa chegou a tal ponto que as patrulhas móveis que saíam sem proteção, ao encontrar-se, prendiam-se, até se matavam, considerando-se uns aos outros espiões brasileiros. Das conversas que tive com vários deles deduzi que eram foragidos, desertores, que ao sair de alguns morros haviam se reunido e formado uma tropa; a incerteza que compartilhavam dava muito o que pensar. Depois de oito dias, chamaram-nos para uma reunião geral, sob o pretexto de nomear um novo juiz. Todas nós acudimos. Reuniram-nos num quarto, procedeu-se à contagem. Depois entrou outro oficial perguntando qual era o nosso partido; em seguida chegou um convite para um baile, sob o pretexto de que faltavam algumas senhoras. Esse modo de tratar-nos alucinava nossas ideias. Por volta das quatro fizeram uma chamada; então nos puseram em fila. Separaram as velhas, de meia-idade, senhoritas, senhoras casadas, estrangeiras. Um sargento começou a irritar-se com as estrangeiras, porque não entendiam o guarani, chamando-nos de brincadeira de *Pernambuco-cueva*. Disse que daria quarenta cacetadas naquelas que não andassem na linha, separou cinquenta velhas, que mandou cadastrar em seguida, chamou todas as estrangeiras, cadastraram-nos, chamou-me à parte e disse em tom áspero: "V. S.ª retire-se até segunda ordem". Chamou um homem, encarregou-o de providenciar que os donos da casa me fizessem trabalhar na terra e despediu-me. Não fui para casa, passei aquela noite a trabalhar para a dona da casa. À meia-noite ouvimos um grande ruído: todos os soldados acabavam de partir. Amanheceu a capela em silêncio, esperamos então em Deus que as cadastradas não partissem; fui ver mamãe. À tarde soube que tinham vindo dois espiões levar todas as cadastradas até San Joaquín, para que se apresentassem ao general Delgado. Foi ali que as mães pediram por suas filhas, concederam. Ordenaram a elas que voltassem a San Antonio, mandassem chamar cada qual sua família e partissem no outro dia para Curuguaty. Uns estrangeiros chamados Juan Benites, argentino Antonio Cambone, espanhol José Vidal, que haviam sido tomados como soldados, foram despachados como acompanhantes dessas senhoras com prazo de dez dias para se apresentarem em seu destino. Ficamos as de Yhú num contínuo sobressalto, os espiões iam e vinham, furtaram casas, levaram mel e alimentos. Em outras partes pediam com insistência roupa, comida, qualquer coisa que cobiçassem até que dessem a eles. Todos os dias carneavam vacas dos particulares e das *destinadas*; por fim, em 19 de setembro levaram todos os animais que restavam no local, e às dez da noite chegou uma patrulha móvel com ordem de açodar a golpes as *destinadas* para Curuguaty. Nós nos alistamos, no momento nos apresentamos. Quando um antigo criado soube da ordem, ainda que a ele não tocasse ser residente, pediu com insistência para acompanhar-nos. Estava enfermo, mas não fez caso do que eu lhe dizia e se pôs em marcha conosco. Partimos de Yhú à meia-noite, caminhávamos como podíamos, com cargas, por rios e lamaçais. Eu não tinha para o caminho senão quinze libras de amido, uma libra de açúcar mascavo, três libras de gordura e um punhado de sal. Éramos três pessoas para viver disso, quem sabe por quanto tempo. Chegamos a um ponto a partir de onde não sabíamos mais o caminho. Éramos cerca de trinta pessoas, deitamo-nos no meio do campo até amanhecer. Levantamo-nos na alba, vimos o campo semeado de patrulhas móveis levantando-se, descobrimos um pequeno caminho, fomos andando, buscando as que tomavam mate. Não tínhamos, nenhuma de nós, meio de fazer fogo; no fim chegamos a um lugar mais bem provido, sentamo-nos para almoçar, tomamos mate e comemos uma torta que fabriquei de improviso. Juntamo-nos a outras tropas que sabiam o caminho e com o sol já forte chegamos a uma casa perto do passo Ybicuí, onde todas cozinhavam. Entre a concorrência fiz buscar carne ao menos para o criado, que não se ajeitava só com torta; mas ninguém quis me vender. Vendo meu apuro, a sr.ª Leite Pereira me disse que meu empregado podia comer da carne que suas criadas cozinhassem. Agradeci a ela sobremaneira e aceitei sua oferta; pus-me a cozinhar uma sopa que inventei, convidei-a a dividi-la comigo, aceitou. Desde esse momento fomos seguindo uma à outra em todas as partes: comíamos juntas, dormíamos juntas, não nos separamos mais. Tive o gosto de conhecê-la intimamente e de apreciar de perto a paraguaia que tantas vezes havia se exposto à ira de López, socorrendo os brasileiros oprimidos. Dali caminhamos até o arroio passando o estuário, molhei minhas botinas, todas me disseram que teria que descalçar-me. Tirei-as e, no momento em que pisei no chão descalça, senti uma dor de dente terrível.

Pedimos ao sargento que nos fizesse cruzar o rio para nos reunirmos com outras companheiras que tinham ido adiante. Ele acedeu a nosso pedido, mandou que dormíssemos numas carretas vazias que as *destinadas* de Caaguazú haviam abandonado. Por volta das onze da noite chegaram uns quantos soldados que fizeram barulho, ordenando-nos cruzar imediatamente o rio, pois, se o alferes nos encontrasse na volta de sua ronda, seríamos castigadas. Contamos a eles o motivo que nos tinha feito dormir ali, acalmaram-se um pouco. Contaram-nos que vinham de Curuguaty, enviados pelo mesmo López, para buscar as *destinadas* com ordens muito severas de punir quem quer que se cansasse no caminho ou parecesse estar de má vontade. Assim cruzamos o rio Ybicuí à uma da manhã; tinha voltado a calçar-me. Dessa hora em diante caminhamos por sendas num morro com mata espessa, sem ver nada, entrando e saindo do barro. Caí em umas passagens muito feias, pois ia na frente para evitar que mamãe tropeçasse e para ajudá-la a sair daqueles buracos. Deixei primeiro uma bota, mais adiante ficou a outra; assim caminhei com as meias até que alcançamos as companheiras já fora do morro. Ainda não amanhecia, mas o grupo de soldados não nos deixou descansar, fez levantar as outras a toda a pressa, sob ameaças de lança. Continuamos a caminhar, entramos ao amanhecer em outro morro, não paramos até sair dele. Seriam duas da tarde, nenhuma de nós havia tomado um mate ainda. Ali era o ponto combinado para aguardar esse alferes que fora até Yhú ver se não restavam algumas *destinadas*. Ele efetivamente chegou: mal havíamos acendido o fogo quando caiu um aguaceiro espantoso, que recebemos sem pestanejar. Quando passou, as que tinham roupas partiram, nós só nos secamos dois dias mais tarde; dormimos na chuva. A sr.ª Leite sofreu muito, eu não senti nada, parecia de ferro. Ao amanhecer chuviscava, ordenou-se a marcha. Entramos num estuário até os joelhos, caminho estreito, apertadas umas contra as outras. As ordens e ameaças de avançar cresciam por trás, mas não se podia sair desse barro infecto e viscoso; assim levamos cerca de duas horas para sair de um pequeno trecho. Entramos em outro morro, num caminho estreito, com barro colorido e resvaladiço como sabão, cinco léguas de extensão; não descansamos até sair. À tarde cruzamos uma ponte horrível, mas com a coragem do desespero saímos sem maiores dificuldades; chovia sempre. Descansamos cerca de uma hora: comemos tortas que eu preparara na noite anterior e seguimos até sair do morro. Já era bem tarde, escurecia quando acendemos o fogo, mas estávamos tão cansadas que não comemos para poder dormir. Antes do nascer do dia nos despertaram. Sempre com ameaças, tomamos apenas mate e partimos. Não recordo bem que caminho tomamos esse dia, mas saiu o sol, paramos às doze para secar a roupa um momento e tomar mate. À tarde nesse dia passaram mulheres e um vigia correndo, gritando: "Os inimigos nos seguem, caminhem, caminhem". Todos os nossos guardiões nos deixaram, saíram disparados para alcançar o alferes que ia adiante. Fizemos um complô com a sr.ª Leite de fingirmos estar doentes e ficarmos ali, para nos esconder no morro quando ninguém visse. Assim o fizemos, mas sempre passava gente, de modo que estávamos sempre no caminho. O alferes mandou seis vigias para cobrir a retaguarda. Encontraram-nos ali, sentaram-se conosco, exigiram que os fizéssemos cear. Tinham muito medo, assim não cumpriram as ordens. Ficaram conosco até o raiar da lua. Nessa hora veio o alferes, eles se espalharam e tivemos que caminhar. Os rios estavam muito volumosos, entrávamos na água até a cintura; as travessias eram feitas com pressa. Nesse dia caminhamos sem descanso. Enfim, assim vivemos dia e noite até chegar a Curuguaty em 27 de setembro ao amanhecer. Contaram-nos, reuniram-nos sob uma árvore, fizeram uma lista, deixaram-nos descansar. Aquele dia passei escrevendo; todos faziam declarações de amizade a López, em todo sentido pedindo perdão, pedindo para seguir o exército; enfim, mil baixezas sem obrigação, assim como acostumam a gente do país.[6] À noite chegou um sargento de repente, fazendo-nos marchar, nos assustamos muito, pois planejávamos descansar. Caminhamos o equivalente a quatro quadras, ali o sargento fez "alto!", e dormimos.

Esqueci de dizer que nos deram carnes, alimentos muito bons. Ao amanhecer, soubemos que López naquela noite tinha entrado na capela e saído, sendo esse o motivo pelo qual nos fizeram dormir longe do centro. Com muita calma, depois que nos deixaram tomar bastante mate, fizemos até tortas. Um novo guia que nos deram fez com que caminhássemos até Ygatimí; levou-nos bem devagar, com muitas atenções, cuidando de umas e outras, fazendo "alto!" onde queríamos. No segundo dia de marcha à noite, bem tarde cruzamos o Jejuí; ali houve apuro, porque se disse que os inimigos vinham por esse rio, mas não sucedeu nenhuma desgraça. No outro dia caminhamos até perto da capela, e nos apresentamos ao comandante Pablo Urbieta em 1.º de outubro. Ele nos chamou com cara muito azeda diante do padre Cantero. Depois os dois nos fizeram um sermão sobre os deveres de nosso estado, que devíamos trabalhar a terra para ganhar nosso sustento, que aquela que se negasse a fazer pessoalmente esse trabalho naturalmente queria morrer, sendo assim lanceada para que terminasse de uma vez. Com tal exortação, entregou-nos a um tenente para sermos conduzidas até Itanará, onde estavam acampadas as companheiras que tinham vindo na frente. Choveu, mas seguimos andando, chegamos a um rio com um lamaçal terrível na descida, e outro pior na subida, por fim chegamos a nosso destino molhadas, ensopadas. Lá nos chamaram e nos mandaram partir sem demora. Qual não foi nosso desalento vendo-nos enxotadas no meio da montanha como animais sem recursos e com ordens tão bárbaras, sem termos onde sentar sequer para descansar. Ali encontrei minha amiga Eugênia cozinhando para outra pessoa a fim de conseguir um bocado para suas filhas, molhadas até os ossos. Minhas sensações são indescritíveis e também receio abandonar-me a essas tristes memórias, sinto pouca coragem, mais tarde darei quiçá uma pequena ideia de nosso padecimento moral. Ali adoeci, a sr.ª Leite e mamãe fizeram uma tenda aonde me levaram; tive um acesso de febre, mas amanheci boa, graças à misericórdia de Deus. Saiu o sol, nos secamos um pouco, veio um sargento ordenar que fôssemos ver a capoeira nesse mesmo dia, mas uma hora depois veio o superior ordenando nova marcha. Isso foi um labirinto, nos levaram através do morro, pela mata fechada; por fim ao poente saímos desse labirinto e nos encontramos sobre uma planície. Então nos mandaram escalar o monte até o ponto mais alto que pudéssemos, nos vimos num matagal mais alto que nós; com facões e paus limpamos um rincão onde nos deitamos. No outro dia, veio o sargento nos ordenando limpar esse local; vendo que pouca pressa tínhamos em obedecer, veio o comandante, nos reuniu, nomeou dentre nós duas sargentas com ordem de formar dois grupos que trabalhariam a terra em dias alternados, com um dia de descanso para sair em rebusca. Fui escrevente da minha sargenta. Cada manhã de trabalho, eu fazia a chamada, levavam-nos com nossos facões e pedaços de madeira para cortar e queimar o matagal. Vinha o superior, repreendia-nos pelo pouco que trabalhávamos. Assim as sargentas nos apressavam muito; depois de limpar uma grande porção do terreno, algumas receberam ordem de buscar ramas; outras, de arar e cavar buracos para plantá-las; e outras ainda cobriam o que fora plantado. Na comunidade não havia mais que três enxadas de ferro, as demais eram de madeira, nos cansávamos muito, mas era preciso cumprir a ordem. O mais engraçado era que algumas companheiras nos apressavam, nos recriminavam por fazermos mal os buracos, tornando-se também elas próprias, do mesmo modo, outras tantas tiranas. Eu ria muito disso e as condenava a comer toda a mandioca que encontrasse. Nos dias de permeio saíamos rodando duas e três léguas, comprando mamões verdes, bananas verdes, com sorte, mel e mandioca, vez por outra, algumas batatas. Enfim, comíamos algo. As que tinham roupa a trocavam. Desse modo passamos alguns dias. A sr.ª Carmen Goyburù quis que se suplicasse ao presidente para ver se ele nos deixava residir na capela. Pediram-me conselho. No que me tocava, desaprovei, deixando cada uma fazer o que quisesse: fizeram. Assinei também o pedido, pois não me agrada chamar atenção em nenhum sentido, mas houve por isso um barulho terrível. O oficial veio repreender-nos da maneira mais suja: amarrou e prendeu aquela cujo nome encabeçava o pedido e proibiu-nos de escrever um cartão que fosse; seríamos castigadas com a morte. Ficamos em silêncio outra vez, continuando nosso trabalho. Veio ordem de fazer casas; uma parte das mulheres foi ao monte cortar madeira; outras foram arrancar e carregar palha, eu entre elas. Outras ficaram planejando e construindo as casas. Quando transportei a madeira para a minha, cavei o primeiro buraco para o alicerce principal. Ao alvorecer recebemos a ordem de partir. Fazia dois dias que recebêramos a ordem de não sair dali, pois o presidente estava perto. E isso sob pena de perder a vida, pois em 23 de outubro saímos do terreno. Ficamos o dia inteiro sob o sol, passando lista de 2014 pessoas, e fomos entregues a um sargento.

Por volta das três da tarde ele nos deu ordem de caminhar, assim fomos andando como ovelhas. Ao pôr do sol, fez "alto!" à entrada de um monte, perguntou com dissimulação quem éramos, procurou reconhecer as principais famílias, mas tinha um cuidado especial com a sr.ª Leite e comigo, muitas vezes fazia "alto!" a desoras, porque dizíamos que estávamos cansadas. Se caminhávamos de noite, acompanhava-nos de perto; se nos perdia de vista, dava-lhe uma loucura, perguntava a todo mundo se tinham nos visto. Achamos nisso tanta graça que nos escondíamos para dar-lhe trabalho.

Levamos sete dias para chegar a Espadim. Deviam ter ordem de trazer-nos com tanta lentidão para que nos debilitássemos pelo caminho. Enfim, na última noite nos deitamos num montezinho: antes do passo Ygatimí, caiu uma chuva espantosa. Eu estava com uma terrível dor de dente. Nós nos molhamos muito, amanhecemos sem um mate de erva para tomar, nem um bocado de nada que comer. Eram já as doze, chovia sempre. Agora tínhamos fome; sabíamos o que era privação, mas até então não conhecêramos a verdadeira fome. As criadas da sr.ª Leite estavam num estado deplorável de falta de comida quando de repente uma de suas mulas abortou. Eu lhes disse que na França se comia burro, que comessem o aborto. Na hora se animaram e, debaixo de uma chuva contínua, cozinharam essa carne. Mamãe e a sr.ª Leite sentiram excessiva repugnância olhando tudo aquilo. Fechei os olhos, havia jurado viver, comi à noite. Não restaram nem os cascos nem o couro daquele burrinho. Fomos destemidas ao cruzar o arroio; estabelecemo-nos numa ilhazinha perto do rio, achávamos que não ficaríamos nem oito dias nesse lugar, pois nos víamos enterradas ou salvas pelos inimigos. Mas as mulheres se desesperavam, as que tinham comida não se afligiam tanto; enfim, era um desalento sem igual. O sargento nos juntou, nos entregou a outro sargento, que pareceu não fazer muito caso do carregamento que tinha, disse que podíamos recolher frutas silvestres no monte, mas que não devíamos por isso desatender nossa população. Ele marcou o lugar da casa, dizendo-nos que devíamos formar ruas, como na capital, que esse era o lugar onde devíamos viver nosso resto de vida, que seria considerada desertora aquela que tornasse a descer a serra e a que atravessasse o rio Ygatimí; e sem mais ele partiu com sua guarda. O sargento que nos trouxe se despediu de nós dizendo que ia contar a S. Ex.ª o muito que já sofríamos, que não havia ali nem laranjas-azedas, para que se apiedasse de nós e nos perdoasse. A sr.ª Leite disse-lhe que era escusado que tivesse esse trabalho por *destinadas* que já estavam condenadas a morrer de fome, o senhor presidente sabia demasiado como era esse lugar, escolhido por sua escassez de tudo. Ele não respondeu, não disse uma palavra, se foi. À tarde carnearam uma mula fraca que atolara, a dona dela não era tão escassa de comida como muitas de nós. Ela deu uma parte do animal, de pedacinho em pedacinho, a cada pessoa; minha mãe estava deitada sem poder se mover de fraqueza, mas não se resolvia a comer burro. Encontrei meio pedaço de coco que pisei, fiz uma substância; passou assim aquele dia. No 1.º de novembro, umas mulheres que tinham entrado no morro descobriram um monte de laranjas-azedas muito abundantes; todas demos graças ao Todo-Poderoso, rimos nas barbas de López, pois com um monte de laranjas-azedas nos animávamos a viver mais de oito dias. Já víamos os brasileiros chegar em nosso socorro com cargueiros de farinha, açúcar, arroz, sal, cavalos brancos encilhados para as moças e coches para as anciãs; ríamos de antemão de quanto iríamos zombar de López. Toda manhã havia notícias, fruto dos castelos de ar que produzíamos continuamente. Enfim, nos primeiros dias mamãe resistiu, mas de repente como que se aniquilou, então me afligi, chorei. Ela não queria ser a causa de meu desespero.

"Está bem, traga-me burro", disse, "vou tentar comê-lo para viver." Comprei, já a um preço fabuloso; fiz um caldo sem sal nem nada, com suco de laranja-azeda, ofereci isso a ela, que o tomou com delícia, comeu toda a carne, restabeleceu-se na hora. Assim fomos passando, mas quando acabaram os burros, foi o desespero. Já morria muita gente, a orla do rio em frente a nossa casa tinha sido escolhida para cemitério, de modo que todo dia presenciávamos essa morte tão terrível, de fome, esses enterros tão miseráveis. Chegou o dia em que se ouviu um grito de desespero, as laranjas-azedas acabaram, já desesperávamos de poder viver bastante para obter nossa liberdade. As palmeiras eram a única coisa que nos restava, era muito difícil conseguir um machado para cortá-las e ainda mais difícil encontrar quem o fizesse. Enfim, havia dias em que tudo se resumia a dificuldades e era preciso trocar algo de nossos últimos trapos para não morrer. Umas mulheres destemidas caminharam entre os morros, passaram estuários, encontraram outro laranjal. Foi um regozijo geral, voltaram as esperanças e os sonhos dourados. Comíamos quantidades espantosas de laranja, mas nos fazia muita falta a carne de burro; algumas famílias comeram cães, sapos, serpentes; os meninos tornaram-se fracos como esqueletos, mas a mortandade seguia levando crianças e velhas. Sobretudo os dias de chuva eram fatais: amanheciam hirtos, gelados, esses pobres que ainda ontem buscavam seu sustento. No dia 28 de novembro ouviu-se um grande alvoroço, corremos para conhecer a novidade: eram índios que vinham com alimentos. Todas caíram em cima deles com quantidades de patacões, com todo tipo de roupa para trocar; então os índios se tornaram muito careiros. Somente as que menos precisavam conseguiram de tudo; enfim, isso nos ajudou a sobreviver. Nos dias seguintes, houve caçadas e trouxeram carne bem cara; muitas a compraram. Tal era o mercado que as pessoas iam dormir nas tendas dos índios para conseguir o que de melhor vendiam. Fui ali duas vezes, martirizei meus pés, eram três léguas de distância. Não consegui nada, pois me tiravam da mão o que eu comprava, como é costume entre as paraguaias. Digo isso porque eram senhoras ou se passavam por tais as que andavam atropelando as mais tímidas; as duas vezes voltei com os pés cheios de espinhos, não quis mais saber dos índios. No dia 2 de dezembro amanhecemos com um mal-estar geral em nosso acampamento, pois faltavam três pessoas das principais famílias entre nós, as quais dias antes tinham dado roupa, dinheiro, carne, sal e joias em troca de casas na capital. Foi uma fúria de fazer favores. Essas senhoras, que tinham algo e se desfaziam a preços exorbitantes de coisas inúteis, compravam casas a preços muito baixos, fazendo à pobre proprietária o grande favor de não a deixar morrer de fome. Todas as que fizeram esse negócio não o fizeram com prejuízo, mas algumas sim. Eu era a advogada, podem imaginar como era o documento de venda. Enfim, a partida dessas famílias encheu-nos de terrores, que não eram infundados, pois López deu tantos terríveis exemplos de vingança que estremecíamos ao pensar que, na hora em que soubesse dessa deserção, nos castigaria e haveria vítimas. Além disso, se nenhuma de nós se julgava com força para andar dez léguas, como faríamos trinta? Afligíamo-nos demais com a alternativa de morrermos de fome ou lanceadas; decidimos nos entregar aos índios. Consultamo-nos de repente: umas quantas foram à tenda como representantes e trouxeram o índio para negociar. Nós nos organizamos em grupos de cinco a seis famílias e se acertou pagar um tanto ali mesmo e outro tanto depois de estarmos entre os brasileiros. Foi uma loucura ao cair da noite: saíram mais de duzentas pessoas, as melhores meninas, as mais valentes. Eu estava pronta para marchar quando voltou a sr.ª Leite da tenda aonde havia ido de manhã cedo negociar. Trazia um pedaço de carne. Ela me disse que não lhe agradava o modo de comportar-se dos índios, que desconfiava deles, que eu podia fazer o que quisesse, mas que ela não se moveria. Mamãe desanimou, fui dar parte de que não iria; amanheceram muitas casas vazias, mas o terror nos transtornava mais e mais.

Acabaram-se novamente as laranjas, então a sr.ª Leite determinou-se; também chegou um soldado da guarda contando que o sargento tinha ido denunciar todas as *destinadas* que fugiam. Isso fez com que muitas se decidissem, e voltamos a fazer trato com outro índio. Nós o carregamos de roupa, redes, ponchos... e fomos embora. Essa noite era o 14 de dezembro; ao cruzar o estuário cortei-me num lado da perna, atrás de mim vinha a sr.ª Jaona, que machucou as duas pernas. Para nos salvar, nos desvencilhamos da roupa, estávamos banhadas em sangue. Em poucos instantes ouviu-se um pedido de socorro, a sr.ª Leite havia entrado no barro até metade do corpo, pareceu-me um mau agouro, mas seguimos o índio em silêncio, ele nos fez atravessar um imenso terreno queimado, que nos machucou os pés e arranhou as pernas horrivelmente; prosseguimos sem proferir queixa alguma. Caminhamos até meia-noite, alcançamos uma ponta de monte, nosso guia ordenou que sentássemos em silêncio e o aguardássemos. Pouco depois chegou dizendo que era mais prudente nos retirarmos para nossos ranchos, que a guarda detivera todas as senhoras que tinham partido antes de nós. Acreditamos que fosse uma astúcia do índio para roubar nossos objetos pessoais, mas desgraçadamente era a pura verdade. Voltamos até o nosso acampamento. As companheiras entraram nele antes do nascer do dia, mas não me animei a cruzar o estuário de noite, nos sentamos sozinhas com mamãe aguardando que amanhecesse. Nisso passaram dois índios carregados com as coisas que havíamos dado a eles; dirigiam-se a suas tendas. Ao amanhecer, atravessamos o estuário e chegamos a tomar mate na casa de uma vizinha. Que noite tínhamos passado! Já chegávamos resignadas a morrer sem nos mover além de nosso desterro, mas não quis mais ficar em minha cabana; dei-me conta de que era mais prudente ficar longe da estrada, junto ao morro para nos escondermos se acaso viessem nos levar.

Levei mamãe ao rancho abandonado por d. Oliva Corvalan, que era o penúltimo, distante de todos. Veio a sr.ª Leite, aprovou minha ideia e nos acompanhou. Ela e mamãe se deitaram; estavam muito enfermas em decorrência da nossa loucura. Cada dia fazíamos novos planos, como o de ir habitar o terceiro monte de laranjais, mas, lembrando-nos de nossas esperanças quase perdidas, não quisemos nos mover do centro. Assim fomos passando até o 22 de dezembro. Tomou-nos outra vez a loucura, pois uma senhora que tinha escapado da tropa que ia a Panadero mandou dizer que devíamos partir logo, que não havia ninguém no cerro e que López faria coisas terríveis ao despertar, o que não devíamos permitir. Na noite do dia 21, nos juntamos em cinco famílias e fomos caminhando. Chegamos a um monte habitado por índios, nos deitamos para aguardar o dia. À meia-noite começou a chover, nos pusemos debaixo de grutas, onde nos molhamos completamente. Pela manhã, quando fui atrás de mate para mamãe, tive de arrumar dinheiro. Vendi minha última colher de prata por um pouco de mel de abelha; dali partimos depois de assar uns pedaços de carne. Já era tarde, não havíamos feito quinze quadras quando vieram a nosso encontro algumas mulheres que na véspera caminharam longamente até o cerro. Tinham testemunhado a chegada de três vigias trazendo uma porção de gente. Pela segunda vez retrocedemos, caminhamos até muito tarde. Com medo do estuário, deitamo-nos no meio do campo; amanhecemos molhadas de orvalho. Não sabíamos como fazer fogo para tomar um mate. Fomos até as cabanas de moradoras, que só nos admitiram perto de seu fogo. Ajeitamo-nos embaixo de uma árvore; depois de tomar mate, entrei no morro com outras meninas em busca de frutas. Tivemos a sorte de encontrar um coco virado, tiramos sua polpa, que era magnífica. Fomos com nosso butim fazer um bom caldo com couro, comemos bem. Trouxe uma flor tenra que mamãe se propôs cozinhar para a noite. À tarde fui ao morro com uma companheira colher frutas, ela cortou o galho. Depois de recolher as frutas saímos, eu por um lado, ela por outro. Disse-lhe que ela errava o caminho, me respondeu que não, segui-a. Sendo tão próxima a entrada do morro, não fiz caso. Fomos andando, demos voltas e mais voltas, nos enredamos no matagal. Quando escureceu, enlouqueci de dor pensando nas aflições que minha mãe teria, não nos vendo voltar. Pus-me a chorar e a gritar sem juízo, parece que de fora ouviram meus prantos e me responderam, mas como eu não parava de gritar um minuto, nada ouvi. Fomos penetrando cada vez mais na mata. Quando escureceu e não pude mais avançar nem retroceder, me detive e dei um grito selvagem; responderam-me. Isso me serviu de consolo: de tempos em tempos eu gritava. Sentei-me com minha companheira e ali aguardamos todo tipo de feras que viessem nos atacar. Passei essa noite horrível pensando em minha mãe e chorando; ao amanhecer, dei outro grito, respondido em seguida. Rompemos o matagal em direção à voz amiga que me chamava. Saímos, abracei minha pobre mãe que passara a noite chorando também. Comi a ceia que ela havia guardado para mim e, depois de repousar um momento, fui a outro morro em busca de miolo de palmito; voltei tarde.

O sol já secara as palhas que abriram os cortes que à noite eu tinha me feito sem sentir; doíam-me de tal modo que cheguei quase desmaiada junto a mamãe. Deitei-me, passei o dia assim. Às quatro da tarde marchamos outra vez para Espadim. A mulher que me hospedava não quis me receber porque eu estava doente. No entanto, passei a noite ali e no outro dia me aluguei para pisar palma a fim de ganhar um pouco de farinha. À tarde me hospedei na casa de uma vizinha. Ao anoitecer veio a notícia de que Josefa Rojas vinha do cerro nos buscar, que os brasileiros estavam nos aguardando. Estávamos entre ir e não ir, pois temíamos uma emboscada de López para acabar conosco. Deitamo-nos muito tarde, mal havíamos adormecido quando uma voz nos despertou gritando: "Baixem até o passo, vários senhores as aguardam". Rapidamente nos levantamos, pegamos nossas trouxas e saímos. Eu chorava amargamente, minha mãe me perguntou se eu achava que era López que nos fazia levar, disse-lhe que não, que eram nossos salvadores, mas que para mim era a hora cruel do desengano, que logo saberia a que se reduziam tantas esperanças, que nesse momento pareciam haver me alimentado sem maior razão, mas prometi conformar-me à vontade de Deus, que nos salvava dessa terrível morte de fome. Chorando, caminhei até meus salvadores, cruzamos o arroio e nos recebeu a ordenança do comandante Moura, que nos esperava com palavras de consolo do outro lado do estuário. Escolheram dentre nós duas vigias, que talvez já estivessem com ordem de fazer-nos marchar. Essa era a noite do dia 24 de dezembro. Saímos com uma formosa lua, caminhamos duas léguas e fez-se "alto!" para tomar mate e aguardar as mais vagarosas. Ao romper o dia, seguimos. Íamos tão ligeiro que era impossível acreditar, passando sem dificuldade pelos incidentes de uma viagem que fazíamos com prazer e temor. Chegamos à guarda, foi ali que ouvi o comandante dos prisioneiros falar que todos haviam morrido. Foi um golpe terrível, mas ainda me iludi. Viemos caminhando o dia todo sem parar, o chão parecia de fogo, a dor nos pés nos fazia desmaiar, mas o afã de salvar-nos era mais poderoso. Fizemos um milagre e apresentamo-nos ao príncipe Gastão em 29 de dezembro. Tivemos a honra de sermos recebidas pelo bondoso príncipe e seu estado-maior, com o maior interesse e as marcas da mais sensível compaixão. Tive duas ofertas de casa dos franceses, que aceitei com agradecimento, pois me encontrava tão só e desamparada no mundo que minha saída para a vida me fazia chorar. Fizeram passar a Assistência Geral para nos inscrevermos; em seguida nos levaram ao pátio para aguardar a distribuição de carne, sal e farinha. Estando sentada ali, vieram uns senhores, conversaram comigo, entre eles um distinto anfitrião, o sr. coronel Pinheiro Guimarães, que me pediu algumas notas. Dedico a ele esta triste recordação de minhas recentes desgraças, que ele me fez esquecer tão amiúde nestes dias em que tive a sorte de passar sob seu teto hospitaleiro. As mais delicadas atenções, os mais atentos cuidados foram empregados por ele e todos os seus companheiros para fazer-nos esquecer nossa recente agonia.

(Assinada)
Dorothée Lasserre

Chegando a Curuguaty tive a triste certeza de que os três homens de minha família foram executados em San Fernando; meu irmão em 9 de agosto de 1868, meu pai e meu esposo no dia 22 do mesmo mês.

Numa parte, recordo-me de haver escrito Passo Pucu em lugar de San Fernando, não tenho tempo de revisar.

(Assinada)
Dorothée Lasserre

POSFÁCIO

Dorothée Duprat de Lasserre: uma vida em três tempos

Francisco Doratioto

A Guerra do Paraguai foi um dos conflitos mais longos e sangrentos do continente americano, tendo se iniciado com a invasão paraguaia de Mato Grosso em dezembro de 1864. O confronto ampliou-se com o ataque, também pelos paraguaios, à província argentina de Corrientes, em abril de 1865, e estendeu-se até março de 1870, produzindo de 240 mil a 350 mil mortos, somadas as perdas de todos os países participantes. As estatísticas sobre a guerra permanecem imprecisas até hoje, e provavelmente o total real de mortos esteja mais próximo do número maior que do menor.[1] É enorme a quantidade de publicações sobre o conflito, mas não são muitos os relatos escritos com detalhes por pessoas que estiveram no teatro de operações, durante os acontecimentos. Isso porque o ato de escrever era materialmente difícil, pois se usava caneta cuja pena devia ser molhada na tinta, obrigando a transportar tinteiro e papel, que não era barato, num estojo pouco prático em acampamento militar e, ainda, num ambiente úmido como o paraguaio. No decorrer da guerra, tendo sido o Paraguai bloqueado pela Marinha brasileira e não podendo importar papel, reciclava-o ou fabricava-o com técnicas artesanais, a partir de folhas da vegetação, para atender as necessidades administrativas do Governo. Ademais, boa parte da população dos quatro países envolvidos na guerra era analfabeta, embora o caso paraguaio fosse peculiar, já que os homens sabiam ler e escrever, havendo em cada vilarejo uma escola pública para os meninos. Era raro, entretanto, encontrar mulheres paraguaias alfabetizadas, pois elas não tinham acesso à educação fundamental.[2] No lado paraguaio, não se cogitava fazer anotações pessoais também devido ao fato de o país viver sob ditaduras desde sua independência. Os espiões estavam por toda parte, inclusive no ambiente doméstico, e a sociedade era destituída de vida cultural livre e de liberdade política. Inexistiam imprensa privada, partidos políticos e Congresso que funcionassem regularmente. As divergências ou manifestações negativas em relação ao Governo, supostas ou verdadeiras, resultavam em punições severas. Nessas condições, a população evitava expor opinião, mesmo em conversas particulares, e qualquer registro pessoal poderia tornar-se uma "prova" contra seu autor.

Nesse contexto, é valioso, como fonte histórica, o depoimento de Dorothée Duprat de Lasserre[3] sobre o tratamento dado pela ditadura de Francisco Solano López àqueles tidos como inimigos políticos e a seus familiares. Essa memória foi solicitada pelo coronel Pinheiro Guimarães, médico que na guerra se tornou combatente e comandante de uma brigada. O texto foi escrito no início de 1870, depois de Dorothée ser libertada pelo Exército brasileiro, na pessoa do coronel Antônio José de Moura, quando ainda havia combates e ela se achava exausta e padecendo de inanição, após quase dois anos de sofrimento físico e psicológico.

Trata-se de uma janela sobre o funcionamento, em tempo de guerra, da sociedade paraguaia sob a ditadura e sobre a relação das mulheres com esta última, pelo olhar de uma francesa "notavelmente inteligente",[4] que vivia em Assunção fazia mais de uma década. O relato de Dorothée é o único no Paraguai redigido por uma mulher durante a guerra e constitui preciosa contribuição a respeito dos tormentos das que caíram em desgraça perante o ditador. Para tanto, bastava ter vínculo de parentesco com pessoa acusada de crime político ou, ainda, ter feito comentários críticos à situação paraguaia no conflito.

A população do Paraguai foi duramente atingida pela guerra. Há divergências sobre a quantidade de habitantes do país em 1864, variando entre 250 mil e 457 mil pessoas, e sobre a porcentagem de perdas humanas, entre 8,7% e 51,6%, sendo

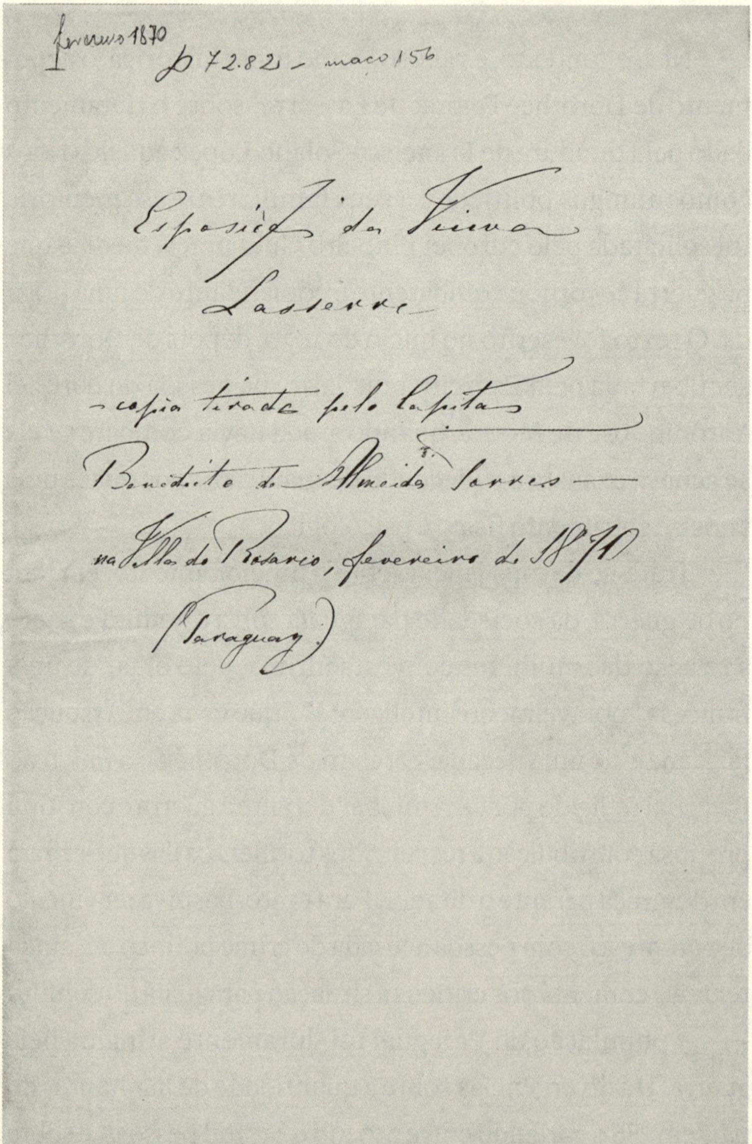

Fevereiro 1870
p 72.82 - maço 156

Exposição da Viuva
Lasserre

– cópia tirada pelo Capitão
Benedicto de Almeida Torres —
na Villa do Rosario, fevereiro de 1870
(Paraguay)

Frontispício (acima) e primeira página (ao lado) da cópia manuscrita do relato de Dorothée Lasserre, em espanhol (1870)

Copia

El 25 de Deciembre las señoras destinadas a morir de hambre por orden de Lopez, han sido delibradas por el ejército brasilero.

Yo soy una de ellas; vivo y escribo, pero todavia no cabe en mi mente que tengo el poder de hablar libremente de tantos sufrimientos, de tantas crueldades que hemos sido obligadas a recibir como tantos beneficios de la mano de un padre que nos escondia en remotos lugares para librarnos del fiero enemigo.

Daré una pequeña idéa de esta terrible trajédia, donde el rol final de casi todos los actores ha sido de perecer en horribles tormentos. Estaba yo tambien destinada a una de las mas cruéles muertes, pero he escapádo por milagro, he sufrido una larga agonia doblemente dolorosa porque veia perecer lentamente a mi pobre Madre, pero la he salvado, gracias al todo poderoso que sostenia mi corazon con la firme creencia que padeciamos porque nuestros esposos vivian, nos habiamos hecho una religion de todo sufrir y de procurar resistir a toda clase de tormentos para sostener esta vida para volverlos a ver. Los mas duros trabajos nos parecian disparates con la esperanza que los volveriamos a encontrar.

Cual no ha sido nuestro desengaño, que terrible hora la de nuestra salvacion! que ha sido para todas lá, de un cruel y amárgo desengaño! todas han muerto! e de que modo, dios mio! Escribiré esta increible verdad, esta historia palpitante de horrores cometidos bajo la capa de una bondad que huele a hiel, que hace estremecer, porque hablandola, se siente el frio de la punta de la lanza que ha abierto los corazones de tantas apreciables compañeras de trabajo, entre las cuales, temo y no me atrevo a pensarlo, deber contar como víctima a una íntima amiga y sus dos hijitas; puede ser que Dios en sus designios incalculables le haya mandado algun modo de salvarse: así lo quiero esperar porque me destempla las fibras del corazon el pensar por un solo rato que la mejor y mas desgraciada mujer que he querido tanto, reciba con permiso de Dios tan cruel muerte. Por que nos habremos separado, mi pobre y querida

este último valor mais próximo da realidade. A ausência de número exato não impede a conclusão de que o Paraguai sofreu uma catástrofe demográfica com o confronto, na qual dois terços dos mortos eram homens. Nesse período, as mulheres acumularam as pesadas atividades por elas desempenhadas a outras novas, que faziam parte do esforço de guerra. Acompanharam os homens à frente de combate, exercendo funções domésticas e militares nos acampamentos. Tal participação deu-lhes visibilidade histórica e foi romantizada no século XX pelo nacionalismo paraguaio, o qual as apresentou como heroínas abnegadas que voluntariamente se sacrificaram pela pátria e em apoio a Solano López. O movimento nacionalista surgiu no início do século XX e desenvolveu-se com os ideais de simpatia para com o Estado forte, autoritário, e de defesa dos ditadores José Gaspar Rodríguez de Francia (1814-40), Carlos Antonio López (1844-62) e Francisco Solano López (1862-70), tornando-se sustentáculo ideológico da ditadura de Alfredo Stroessner (1954-89). O testemunho direto de Dorothée Duprat de Lasserre e, posteriormente, os de mulheres paraguaias demonstram que a realidade foi outra, distante daquela romantização, como se vê em estudos historiográficos recentes acerca do papel ativo das mulheres na guerra e dos diferentes espaços sociais que ocuparam.

OS ANTECEDENTES

No período colonial, o Paraguai era uma província integrante do Vice-Reino do Rio da Prata, cuja capital era Buenos Aires. A elite dessa capital, chamada de portenha em virtude do estratégico porto da cidade, desencadeou o processo de independência em relação à Espanha. Os governantes e os mais importantes homens de Assunção não aderiram ao movimento e mantiveram a autonomia da Província do Paraguai. Esta, localizada no interior do continente, tinha acesso ao oceano Atlântico através da navegação para o sul, pelos rios Paraguai e Paraná, para chegar ao estuário do rio da Prata. Graças a sua posição geográfica, na foz do rio Paraná, o porto de Buenos Aires constituía passagem obrigatória do comércio internacional paraguaio, controlando, portanto, seu acesso ao exterior. De Assunção era praticamente impossível chegar por terra ao Atlântico, pelo Brasil, devido às densas florestas e à falta de meios de comunicação. Também não era viável para o comércio paraguaio utilizar o Pacífico a oeste, devido à distância e ao obstáculo representado pela cordilheira dos Andes. A recusa do Paraguai em submeter-se à liderança de Buenos Aires no processo de independência isolou-o do resto do mundo e facilitou o exercício do poder despótico de Governo por José Gaspar Rodríguez de Francia. Eram raros os estrangeiros que tinham permissão de ir a Assunção, enquanto os paraguaios não viajavam para fora do país e necessitavam de autorização para percorrê-lo internamente. Assim, o Paraguai não recebia o fluxo de novas ideias ou de notícias sobre as mudanças globais; o comércio exterior era mínimo e não incorporava inovações tecnológicas. Ademais, o país não dispunha de jornais, de vida cultural livre, de Congresso permanente ou de correntes políticas organizadas, e seus habitantes evitavam manifestar opiniões críticas sobre o Governo. Francia não solicitou a outros países o reconhecimento da independência do Paraguai, enquanto Buenos Aires persistia em reivindicá-lo como mais uma parte integrante das Províncias Unidas do Rio da Prata, a Argentina. Nenhum país do continente americano viveu uma ditadura sequer parecida com a paraguaia sob Francia, cujas características surpreendem tanto pelo ineditismo como pela intensidade.

Francia morreu de causas naturais em 1840, sem ter sucessor definido. Um Congresso Geral foi convocado extraordinariamente, duas décadas após a última reunião, para nomear como governantes do país, por três anos, dois cônsules. Eram eles Carlos Antonio López, advogado e um dos proprietários rurais que tinham sobrevivido à perseguição da ditadura franquista por ser sobrinho do falecido ditador, e Mariano Roque Alonso, militar desprovido de preparo intelectual para a atividade administrativa. O novo Governo buscou, então, o reconhecimento internacional e, para tanto, proclamou formalmente a independência paraguaia em 1842 ("uma nação livre e independente de todo poder estranho"), que foi reconhecida pela Bolívia em 1843 e, no ano seguinte, pelo Império do Brasil. Em 1844, nova reunião extraordinária do Congresso Geral elegeu Carlos Antonio López, candidato único, para presidir o Paraguai pelo período de dez anos. Na prática o sistema político permaneceu o mesmo, e López era o novo ditador.

A Confederação Argentina liderada por Juan Manuel de Rosas, governador de Buenos Aires e ditador de fato do país, manteve a recusa em reconhecer a independência paraguaia. Tal situação alterou-se em 1852, quando uma aliança entre a oposição argentina, liderada pelo caudilho Justo José Urquiza da província de Entre Ríos, a facção política dos colorados uruguaios (vencedores, com o apoio brasileiro, da guerra civil que travaram contra o Partido Blanco entre 1838 e 1851) e o Império do Brasil derrotou Rosas em campo de batalha e o depôs. O novo Governo da Confederação reconheceu, nesse mesmo ano, a independência paraguaia.

Pôde, assim, o Paraguai ter acesso ao mar e, portanto, ao comércio internacional. Carlos Antonio López implementou uma política de modernização do país, concentrada no aspecto militar, a partir de uma estratégia baseada na exportação de produtos primários para obter moeda forte e, desse modo, pagar as importações de manufaturados e tecnologia. Essa era a característica de todas as economias latino-americanas, mas no caso paraguaio havia a importante especificidade de as importações serem realizadas sem o recurso a empréstimos de capitais estrangeiros, inclusive porque o país, mal chegando ao cenário internacional, ainda não tinha crédito junto aos bancos europeus.

Em 1853, Carlos Antonio López enviou em missão diplomática à Europa o filho mais velho, Francisco Solano López, ministro da Guerra e Marinha e general, posto que o pai lhe concedera quando o rapaz contava dezoito anos de idade. O objetivo da missão era assinar tratados de caráter político, comercial e de navegação com a França do imperador Napoleão III (1852-70), o Reino Unido e o Reino da Sardenha, bem como comprar armamentos e contratar técnicos europeus para trabalharem no Paraguai. Na Inglaterra, Solano López entrou em contato com a companhia Blyth & Co., na época uma das mais avançadas do mundo em tecnologia. O Paraguai não possuía corpo diplomático, e, a partir de então, coube a essa empresa representar vários interesses do país no Velho Continente, como comprar armamento e cuidar de jovens paraguaios enviados para estudarem em escolas europeias. Até 1870, a Blyth & Co. recrutou uns duzentos técnicos britânicos e cinquenta de outras partes da Europa, que foram os responsáveis pelo início da modernização tecnológica do Paraguai — ferrovia, telégrafo, fundição de ferro, produção de caldeiras

Francisco Solano López em imagem de
autoria desconhecida (1869)

etc. — com escopo militar. Carlos Antonio López fortaleceu a capacidade paraguaia de defender-se num contexto regional frequentemente instável, caracterizado por guerras civis no Uruguai e na Argentina que repercutiam na região platina. Ademais, o Paraguai não chegara a um acordo sobre a definição das fronteiras nem com a Argentina, nem com o Brasil. Com ambos a diplomacia de Carlos Antonio López assinara acordos provisórios, pelos quais adiava as negociações acerca da questão até 1862. Entre o Governo imperial e o paraguaio havia discórdia sobre a navegação dos navios brasileiros pelo rio Paraguai, a qual era vital para o Rio de Janeiro manter contato regular (comércio, trânsito de pessoas e autoridades etc.) com a distante província de Mato Grosso. As longas distâncias, a vegetação cerrada e obstáculos aquáticos inviabilizavam o uso de caminhos terrestres para essa finalidade.

Na França, Solano López foi recebido em audiência por Napoleão III em janeiro de 1854. O imperador tinha interesse em estreitar relações com a América Latina, onde era grande o prestígio francês. Para o Paraguai, esse interesse representava uma oportunidade comercial de obter tecnologia moderna e, ainda, de ostentar uma relação política com a França que seria favorável a sua inserção externa. O jovem López ficou impressionado com as atenções que recebeu do Governo francês e tomou a iniciativa de promover a imigração para seu país de franceses com experiência agrícola, a fim de formarem uma colônia rural.[5] Afinal, a agricultura paraguaia utilizava técnicas e instrumentos antigos, do período colonial, necessitando modernizar-se também nisso.

A ida de Solano López à França mudou o destino de duas mulheres, em cujas vidas ele se tornou presença marcante, por motivos distintos. Foram elas Dorothée Duprat, que viria a ser vítima do regime ditatorial lopista, e a irlandesa Elisa Alicia Lynch, que se transformou em companheira de Solano López e mulher com o maior poder no Paraguai governado por ele.

São vidas que, apesar das posições sociais diferentes, tiveram um momento de interseção já em 1860. Nesse ano, o marido de Dorothée, Narcise Lasserre, foi preso, acusado de falência fraudulenta por pessoas que tinham sido suas vítimas; uma delas era Elisa.

Em setembro de 1854, Solano López assinou contrato com o armador do porto de Bordeaux, Antonio López, com quem não tinha relação de parentesco, para levar para o Paraguai até novecentos imigrantes. Estes deveriam ter no máximo 45 anos de idade e boa conduta, ser católicos e estar aptos para o trabalho numa colônia agrícola. Na realidade, os enviados foram pouco menos de quatrocentos franceses, transportados em três grupos e em datas diferentes. Dorothée Duprat, com dez anos de idade,[6] juntamente com seus pais, Cyprien e Gabrielle, e o irmão mais novo, Aristide, partiram de Bordeaux em 14 de janeiro de 1855. A viagem de 134 imigrantes foi feita a bordo do navio *Astronome* até Buenos Aires, onde eles foram transferidos para o barco *Uruguay*, chegando a Assunção em 1.º de abril de 1856. O Governo paraguaio, que não havia preparado terreno para instalar a colônia agrícola, improvisou um na margem direita do rio Paraguai, no lado oposto a Assunção, e chamou a colônia de Nueva Burdeos; foi aí que os Duprat se instalaram.[7] Era um local impróprio para a atividade agrícola, com terra pobre e sujeito a inundações, ocupado pela etnia Mbayá, que foi retirada dali.

Pelo acordo de imigração, assinado entre os governos da França e do Paraguai, cabia a este último fornecer aos colonos terra agricultável, casa, alimentos, instrumentos para trabalhar o campo e sementes. As condições não foram cumpridas pelo Governo paraguaio e os franceses, sem suportar o calor e as enchentes, não conseguiram produzir comida, o que, aliás, parte deles nem sequer sabia fazer, pois era gente sem ligação com o campo. Iniciaram-se as fugas e, em janeiro de 1856, o Governo paraguaio dissolveu Nueva Burdeos, sendo que a maioria dos colonos resolveu voltar para a França ou ir para a Argentina. Receberam prazo de noventa dias para devolver ao Tesouro paraguaio os valores despendidos com sua viagem e instalação no Paraguai. Aqueles sem recursos para tanto trabalhariam para o Governo local, amortizariam com seus salários a dívida até quitá-la e, então, poderiam partir. O desastre da colônia e as exigências do Governo paraguaio tornaram ásperas as relações entre o consulado francês e o Governo de Carlos Antonio López. Elas foram normalizadas com pesado custo financeiro para o Paraguai, que, por não atender os requisitos estabelecidos no acordo de imigração com a França, se viu obrigado a eximir os ex-colonos do pagamento dos gastos governamentais com sua ida para o país.[8] Os Duprat e alguns outros franceses permaneceram em Assunção.

Solano López e sua delegação partiram da França, em viagem de retorno, em novembro de 1854, a bordo do navio

Nueva Burdeos no fim do século XIX, quando passou a chamar-se Villa Hayes

de guerra *Tacuarí*, comprado da Blyth & Co. e construído no West India Dock, em Limehouse. O *Tacuarí* navegou para Assunção sob o comando do capitão inglês George Francis Morice, contratado para organizar a Marinha de Guerra paraguaia.[9] Elisa Lynch, por sua vez, grávida de Solano López e acompanhada de uma criada inglesa, embarcou em um navio comercial para Buenos Aires, onde nasceu seu filho Juan

Francisco. Ela aí esperou que o companheiro, o qual chegara ao Paraguai em fevereiro de 1855, familiarizasse os pais com a nova situação. Elisa desembarcou em Assunção em meados desse ano e no cais aguardava-a unicamente Francisco, sem nenhum outro membro da família presidencial, pois já havia resistência a ela. Tinham circulado rumores de que fora casada, tivera amantes e era interesseira. Carlos Antonio López e sua esposa, Juana Carrillo, viam o relacionamento do filho como contrário à moral e aos costumes locais quando, na realidade, não eram incomuns na sociedade paraguaia relações amorosas clandestinas, ou aquelas estáveis mas sem haver o casamento formal, nem filhos resultantes de relações extramaritais. Elisa e Solano López nunca se casaram, mas mantiveram um relacionamento estável e tiveram sete filhos, o que não impediu o ditador de relacionar-se com outras mulheres.[10] Ambos permaneceram juntos durante a guerra, nos mesmos acampamentos, até Cerro Corá, onde ele foi morto por tropas brasileiras em 1.º de março de 1870.

O casal presidencial adotou a estratégia de ignorar Elisa Lynch, postura que foi seguida pelas damas da elite de Assunção. Solano López instalou a companheira numa casa grande e confortável, que mandou construir não longe do centro da cidade. A vida social assuncionense era incipiente, visto que inexistira nas três décadas da ditadura de Francia. Nos poucos eventos públicos que se realizavam, Elisa só ingressava no ambiente depois que Carlos Antonio López e Juana Carrillo se retiravam. Na vida cotidiana, o distanciamento entre ela e as mulheres da elite resultava não apenas de questões morais, mas também do fato de que as damas do lugar dificilmente encontrariam assuntos em comum com a irlandesa cosmopolita. Ademais, havia o obstáculo da língua, já que as mulheres locais não falavam inglês nem francês e não costumavam ser fluentes em espanhol, pois o idioma corrente era o guarani. Este era falado pela esmagadora maioria da população paraguaia, sendo o espanhol o segundo idioma,[11] realidade que perdura no campo paraguaio ainda hoje. Durante a Guerra do Paraguai, Elisa Lynch reencontrou essas senhoras, parte delas na prisão e todas em situação de penúria.

Isolada socialmente, Elisa teve a perspicácia de, respaldada por seus vínculos com Francisco Solano López, associar-se a comerciantes estrangeiros na negociação de gado e de produtos agrícolas, como o tabaco, e enriqueceu no decorrer do conflito, quando obteve a posse de terras e imóveis públicos. Ela recebeu do Governo paraguaio 33 175 quilômetros quadrados no território litigioso com o Brasil; uns 4375 quilômetros quadrados entre os rios Bermejo e Pilcomayo, território reconhecido como argentino no pós-guerra, e, ainda, outros 135 mil quilômetros quadrados na região leste do Paraguai. Formalmente ela comprou essas terras públicas do Governo paraguaio, com a justificativa de contribuir para o esforço de guerra do Paraguai com os valores módicos que pagou pelas terras. Ela também comprou 29 imóveis urbanos, 27 dos quais em Assunção.[12] Tal enriquecimento imobiliário somente foi possível porque, como definiu o escritor e diplomata inglês Richard Burton, "o país é, de fato, uma grande estância da qual o supremo magistrado atua como proprietário".[13]

Numa cidade pequena como era Assunção — tinha uns 20 mil habitantes —, as atividades comerciais de Elisa Lynch a puseram em 1860 em contato indireto com Dorothée, que no seu depoimento responsabiliza a irlandesa por suas desgraças a partir de 1868. Dorothée já assinava Duprat de Lasserre, pois se casara em 1859, aos catorze anos de idade, com o comerciante francês Narcise, portador desse sobrenome e outro imigrante da fracassada tentativa de instalar uma colônia agrícola no Paraguai. Narcise e seu irmão e sócio, Félix, oriundos do departamento francês de Gers, estabeleceram em Assunção uma casa comercial onde vendiam bebidas, tecidos e produtos rurais, como o tabaco, que era consumido em grande quantidade por homens e mulheres de todas as idades. Com os recém-casados foram morar também os pais dela e seu irmão Aristide, que passou a trabalhar juntamente com o cunhado.

Em julho de 1860, os irmãos Lasserre declararam a falência da casa comercial, prejudicando seus credores. Estes os denunciaram à Justiça por falência "fraudulenta e de má-fé", planejada para não saldarem suas dívidas ou não entregarem mercadorias cujo pagamento tinham obtido antecipadamente. Um dos denunciantes foi o espanhol José Solís, de quem Narcise e Félix receberam 2500 pesos, em 14 de junho, por mil arrobas de tabaco a serem entregues no mês seguinte, quando foi declarada falência. Entre os credores organizados, que entraram na Justiça paraguaia contra os Lasserre, estava Elisa Lynch, que lhes vendera produtos em sociedade com o cidadão espanhol Francisco Ribero. Como o único nome que constava no contrato das operações comerciais era o de Ribero, os irmãos não sabiam que estavam atingindo interesses de Elisa, mas devido a necessidades judiciais ela teve de abandonar a condição de sócia oculta. Os credores exigiram a apresentação da documentação que comprovasse a veracidade da falência, porém os Lasserre se recusaram a atendê-los. A pena prevista pela legislação paraguaia para falência fraudulenta era a perda de todos os bens dos fraudadores, o impedimento de exercer funções comerciais e o encarceramento. Em setembro de 1860, os irmãos foram recolhidos à prisão pública de Assunção, onde permaneceram até março de 1863.

Os Lasserre deviam 16 mil pesos, 3251 dos quais a Elisa Lynch. No entanto, eles apenas dispunham de pouco mais de 2 mil pesos em móveis e de um valor incerto a receber de vendas fiadas. A massa falida passou a ser gerenciada por dois "síndicos" — credores nomeados pelo juiz —, os comerciantes

Sinforiano Alcorta, argentino, e José Solís, espanhol. Narcise e Félix não contavam com a descoberta da fraude e, menos ainda, com sua prisão. Era um começo conturbado para o casamento de Dorothée, de cuja rotina passou a fazer parte a ida, conforme prática local, à cadeia para levar roupas limpas e outros itens pessoais aos dois.

Após pouco mais de um ano no cárcere, os irmãos Lasserre convenceram-se da gravidade de sua situação e revelaram aos credores que eram herdeiros na França e que poderiam usar a herança para saldar as dívidas. Tratava-se de bens imóveis deixados pelos pais e por um avô, bens que eram gerenciados pelo irmão mais velho, Eugène. Narcise e Félix calcularam em 3500 pesos a parte que lhes cabia, e propuseram vendê-la a Eugène e entregar aos credores o valor recebido, em troca de cancelamento da dívida e de qualquer ação penal pela falência fraudulenta. A proposta foi aceita e no princípio de 1862 o juiz Báez concedeu-lhes liberdade provisória e limitada, mas a medida não chegou a ser efetivada, pois não havia comprovação de que os 3500 pesos estavam a caminho do Paraguai. Na realidade, faltavam documentos para permitir essa transferência, e em 8 de junho Narcise Lasserre foi posto em liberdade por alguns dias para tomar as providências necessárias, atendendo as exigências legais do consulado francês. Junto a este, seguiram-se os trâmites adicionais, e somente em dezembro do mesmo ano enviou-se a Eugène Lasserre a documentação requisitada. Confirmado o início do processo de transferência, o consulado solicitou ao juiz que os irmãos Lasserre fossem libertados definitivamente.

Em 28 de março de 1863, os dois administradores da massa falida comunicaram ao juiz Báez que os credores receberam os 3500 pesos e requereram a libertação dos prisioneiros. O documento foi assinado por todos os credores, inclusive Elisa Lynch, e em 30 de março o juiz deu a ordem de liberdade dos irmãos, contra os quais deixou de existir qualquer acusação. Ao que tudo indica, esses 3500 pesos e os resultados das atividades da casa comercial dos Lasserre, gerenciada pelos administradores Alcorta e Solís, foram suficientes para saldar as dívidas. Narcise retornou ao comércio varejista, antes de ser preso por motivo político em 1868, enquanto do destino de Félix não há pistas na documentação pesquisada. Já a vida de Dorothée e de sua família, bem como a da população paraguaia, teria pouco tempo de normalidade, pois, no final de 1864, o Paraguai declarou guerra ao Império do Brasil.

A CAMINHO DA GUERRA

Francisco Solano López impôs-se como presidente do Paraguai em 1862, após a morte do seu pai. Moribundo, Carlos Antonio López decidira nomear outro filho, Benigno, o mais bem preparado intelectualmente dentre os irmãos, para o cargo de vice-presidente da República. Tratava-se, na verdade, da herança do poder, pois o vice-presidente convocaria o Congresso, que na realidade não decidia e sim referendava as decisões de quem ocupava a Presidência. Ao tomar conhecimento dessa escolha, Solano López, que era o general em chefe do Exército e da Marinha — portanto, controlava a força das armas no Paraguai — e se encontrava no sul do país, retornou a Assunção e pressionou o pai a alterar o testamento em seu favor. Carlos Antonio López morreu logo depois, e o Congresso, que não se reunia desde 1856, foi convocado para eleger Francisco Solano presidente da República. Este apresentou-se no início dos trabalhos dos congressistas acompanhado de uma força armada, supostamente para servir de guarda de honra. Os poucos dissidentes, que ousaram questionar essa candidatura única, foram presos posteriormente.

No plano interno, o Governo de Solano López manteve as características ditatoriais do regime, e a confusão entre o patrimônio da família e os bens públicos persistiu. O ambiente social era asfixiante em Assunção, onde havia espiões e informantes por toda parte, e qualquer comentário que fosse considerado crítico ao Governo resultava na convocação do autor para prestar esclarecimentos às autoridades policiais. Dorothée Duprat de Lasserre descreveu, no seu depoimento, os cuidados que tomava para não comentar questões públicas com as amigas e mesmo em casa, uma vez que os empregados podiam ser informantes. Até os sacerdotes delatavam ao Governo os suspeitos de serem oposicionistas, pois a Igreja católica paraguaia tinha sido nacionalizada já na década de 1820 e seus membros obedeciam antes ao Estado do que à Santa Sé — quando assumiam suas funções, os sacerdotes juravam fidelidade ao Estado e a seu governante.

O Paraguai que Solano López recebeu para chefiar era um país com poder central que se impunha em todo o território — o que não representava uma realidade no Uruguai, na Argentina e na Bolívia — e sem dívida externa; o Estado possuía quase 90% do território nacional e controlava 80% do comércio interno e externo.[14] Para financiar seu crescimento e modernização, a economia paraguaia necessitava ampliar as exportações, de modo a obter libras esterlinas para pagar a importação de máquinas e contratar técnicos europeus. A importância crescente do fator externo para a vida nacional levou Solano López a ignorar o conselho dado por seu pai no leito de morte quanto às questões internacionais pendentes: "Não busque resolvê-las pela espada, mas sim pela caneta, principalmente com o Brasil".[15] Não foi o que ocorreu, pois o novo governante tomou o partido dos *blancos* na Guerra Civil Uruguaia (1863-65), assumindo posição antagônica à do Império do Brasil e da República Argentina, que apoiavam os colorados.

Envolveram-se na Guerra Civil Uruguaia diferentes interesses políticos do Rio da Prata. O porto de Montevidéu era concorrente potencial do de Buenos Aires e poderia constituir uma alternativa para o comércio exterior das províncias argentinas de Entre Ríos e Corrientes. Esse foi um dos motivos para o presidente argentino Bartolomé Mitre apoiar o caudilho uruguaio Flores, do Partido Colorado, que deu início à sublevação contra o Governo constitucional de Bernardo Berro, do Partido Nacional, também conhecido como *blanco*. Daí criar vínculos com o Governo uruguaio a oposição interna a Mitre, liderada pelo caudilho Justo José de Urquiza, que era contrária à centralização política em Buenos Aires e avessa a um sistema político liberal. Em 1863, Urquiza propôs uma aliança a Francisco Solano López, o qual não a formalizou, mas escreveu a Mitre alertando que o apoio argentino a Flores ia contra os interesses paraguaios. Até então, os governos paraguaios não tinham demonstrado curiosidade alguma pelos assuntos internos uruguaios.

No começo de 1864, Francisco Solano López iniciou a mobilização militar do seu país. Foram recrutados homens entre dezesseis e cinquenta anos de idade, e em fevereiro já havia 5 mil recrutas, que se somavam aos 15 mil militares permanentes do Exército paraguaio. Em maio do mesmo ano, o recrutamento foi ampliado, chamando-se homens de até sessenta anos de idade, e o efetivo paraguaio alcançou 70 mil militares. Ao passo que, no princípio de 1865, a Argentina dispunha de 6 mil soldados, o Brasil, de uns 18 mil, e o Uruguai, de cerca de 3 mil.

Desde a década de 1840, um dos objetivos da política brasileira para a região do Rio da Prata, implementada pelo Partido Conservador, era garantir a livre navegação do estuário do Prata e dos rios Paraná e Paraguai, de modo que os navios brasileiros pudessem alcançar Mato Grosso. Para tanto, era fundamental a continuidade das independências paraguaia e uruguaia, a fim de manter o caráter internacional desses rios e desse estuário, cujas margens pertenciam ao Uruguai e ao Paraguai. Se estes fossem incorporados pela Argentina, os dois lados das margens se tornariam argentinos e sua navegação por navios brasileiros passaria a depender de autorização de Buenos Aires. Ademais, uma Argentina republicana, grande e forte, poderia servir de estímulo para movimentos republicanos no Brasil, particularmente no Rio Grande do Sul, que já tentara a secessão com a República Rio-Grandense (1835-45). Daí a política externa do Partido Conservador ter como meta central conter a influência de Buenos Aires na região. No entanto, em 1862 ascendeu ao poder no Brasil a chamada Liga Progressista — uma aliança entre dissidentes do Partido Conservador e os liberais —, que se aproximou do Governo Mitre, pois ambos apoiavam os colorados na Guerra Civil Uruguaia. A intervenção do

Governo da Liga nessa guerra distraía a atenção da população brasileira da crise financeira que ocorria no Rio de Janeiro e da humilhação imposta ao país pelo Reino Unido, na chamada Questão Christie. Nesta, o Governo foi obrigado, sob ameaça de bombardeio do Rio de Janeiro, a pagar indenização por suposta pilhagem de navio inglês naufragado no litoral gaúcho em dezembro de 1861. Uma intervenção brasileira em favor dos colorados também atendia os fazendeiros do Rio Grande do Sul que tinham propriedades no Uruguai. Esses fazendeiros se diziam vítimas de medidas arbitrárias por parte do Governo do presidente Berro, quando na realidade eles não eram neutros e apoiavam os colorados.

O Governo imperial aceitou intervir no Uruguai e, em maio de 1864, enviou em missão diplomática a Montevidéu o político José Antônio Saraiva, acompanhado por navios de guerra. Saraiva exigiu do Governo uruguaio o respeito aos "direitos" dos brasileiros radicados no país, a indenização financeira por supostos abusos e a punição das autoridades que os teriam cometido. O presidente uruguaio Atanasio Aguirre, que constitucionalmente substituíra Berro, solicitou apoio a Solano López, sob o argumento de que o Brasil e a Argentina pretendiam dividir entre si o Uruguai e depois fariam o mesmo com o Paraguai. Na verdade, esses planos inexistiam. Em 4 de agosto, Saraiva entregou um ultimato para que Aguirre atendesse as exigências brasileiras ou tropas do Exército imperial entrariam no Uruguai em defesa dos direitos dos súditos brasileiros que lá viviam. O Governo uruguaio recusou-se a acatar o ultimato e rompeu relações diplomáticas com o Império. Dias depois, o Governo paraguaio enviou um documento à representação diplomática brasileira em Assunção, comunicando que tal intervenção militar no Uruguai causaria um desequilíbrio entre os países do Rio da Prata e atingiria o interesse do Paraguai, que não se responsabilizaria por suas consequências.

No Governo brasileiro a ameaça não foi levada a sério, pois não havia hostilidade ou tensão militar entre o Império e o Paraguai, e encarou-se essa nota apenas como uma forma de pressão diplomática. No Brasil não se considerava a hipótese de que o país poderia sofrer um ataque militar paraguaio, quer por não haver motivo para tanto, quer devido à desproporção de poder econômico e demográfico entre o Império e o Paraguai. De fato, o comércio exterior do Brasil era de quase 24 milhões de libras esterlinas e a população de 9 milhões de pessoas (um terço delas escravizado), enquanto os números do Paraguai eram, respectivamente, de 560 mil libras e cerca de 400 mil habitantes. O tamanho do Exército paraguaio, no final de 1864, resultava da mobilização iniciada meses antes, enquanto o efetivo do Exército imperial era o normal para tempo de paz. O maior número de habitantes do Brasil significava que o país dispunha de capacidade para aumentar seu Exército, enquanto o Paraguai já alistara praticamente todos os homens em boas condições físicas. O Império também tinha mais recursos financeiros para sustentar uma guerra — compra de armamento e manutenção das tropas —, já que sua arrecadação fiscal era de 4,3 milhões de libras esterlinas, enquanto a paraguaia era de 314 mil.

Em 12 de outubro de 1864, uma tropa brasileira invadiu o Uruguai e atacou posições ocupadas pelos *blancos*. Passado um mês, em 11 de novembro, chegou ao porto de Assunção o pequeno navio brasileiro *Marquês de Olinda*, vindo de Montevidéu e tendo Cuiabá como destino. A embarcação transportava passageiros, entre eles o novo presidente da província de Mato Grosso, coronel Carneiro de Campos, bem como dinheiro do Tesouro imperial destinado ao Governo mato-grossense e mercadorias. Uma canhoneira paraguaia interceptou e aprisionou o *Marquês de Olinda* pouco depois de ele deixar Assunção, violando, assim, o Tratado Brasil-Paraguai de livre navegação fluvial. A apreensão do navio ocorreu sem aviso prévio, e somente após o questionamento do ato pelo representante diplomático brasileiro o Governo paraguaio, em documento com data retroativa a esse ato, rompeu relações diplomáticas com o Império e declarou-lhe guerra. No final de dezembro de 1864, tropas paraguaias invadiram Mato Grosso, ocupando território litigioso e as localidades de Dourados, Miranda e Corumbá.

Três meses depois, em março de 1865, o Congresso paraguaio foi convocado para, como nas ocasiões anteriores, sacramentar uma decisão já tomada por Francisco Solano López; dessa vez, a de declarar guerra à Argentina. O ditador havia solicitado autorização do presidente Bartolomé Mitre para a passagem de tropas paraguaias pelo território de Misiones, as quais invadiriam o Rio Grande do Sul. A resposta de Mitre foi negativa e Solano López ordenou a invasão da província de Corrientes em 13 de abril. Com isso, levou seu país a guerrear, simultaneamente, com seus dois maiores vizinhos, que, pela primeira vez, se aliaram para lutar contra o invasor paraguaio.

Em 1.º de maio de 1865 foi assinado o Tratado da Tríplice Aliança por Argentina, Brasil e Uruguai, este governado pelo colorado Venancio Flores desde fevereiro desse mesmo ano, como resultado do fim da guerra civil decorrente de negociações diplomáticas feitas pelo enviado do Governo imperial, o visconde do Rio Branco. O tratado determinava medidas de caráter militar para travar a guerra e as condições que deveriam ser atendidas pelo Paraguai para se chegar à paz; determinava, ainda, a perda de território litigioso para a Argentina e o Brasil. No tratado constava que os Aliados lutariam até a saída de Francisco Solano López do poder e sua retirada, bem como a de sua família, do país.

O ditador paraguaio esperava que seus soldados fossem recebidos como libertadores do domínio de Buenos Aires não só pelos habitantes de Corrientes, mas também por chefes políticos de outras províncias, oponentes do Governo central. Por esse raciocínio, às tropas paraguaias iriam aderir os que viviam em Corrientes e a coluna militar marcharia para o sul, para Buenos Aires, onde o presidente Mitre seria deposto. Desse plano de Solano López também fazia parte o envio de uma coluna militar paraguaia ao Uruguai, com a expectativa de que a ela iriam aderir os *blancos* e, assim, de derrotar as forças brasileiras que davam sustentação ao Governo de Flores. Em junho de 1865, 12 mil soldados paraguaios atravessaram o território de Misiones, invadiram o Rio Grande do Sul em São Borja e, em seguida, marcharam para o sul pelas margens do rio Uruguai.

A estratégia de Solano López fracassou. Os invasores do Rio Grande do Sul foram derrotados em Uruguaiana, em agosto de 1865, por forças da Tríplice Aliança comandadas por Pedro II. Já a coluna invasora de Corrientes não recebeu adesão da população local nem de lideranças oposicionistas de outras províncias argentinas, ficando estagnada, sem conseguir avançar para o sul. Por outro lado, em 11 de junho do mesmo ano, na Batalha Naval do Riachuelo, no local onde o rio Paraná recebe esse riacho, foi derrotada a flotilha paraguaia que atacou a esquadra brasileira. Como consequência, o rio Paraná foi bloqueado para o Paraguai, que, ao perder acesso ao oceano Atlântico, não pôde mais manter comércio exterior nem obter novas armas ou munição. O fracasso do plano ofensivo de

Solano López levou-o a ordenar o retorno ao Paraguai, nos primeiros dias de novembro de 1865, da força paraguaia que abandonou Corrientes. A iniciativa da guerra passou para o lado aliado.

MULHERES BRASILEIRAS

Os Aliados demoraram algum tempo para reforçar e armar seus exércitos acampados na vila argentina de Mercedes. As tropas brasileiras vinham acompanhadas de muitas mulheres, cujo número, quando partiram do Brasil, chegou a ultrapassar o de soldados mas foi sendo reduzido durante a marcha da tropa em direção a Corrientes.[16] Também do lado argentino as mulheres acompanharam maridos e companheiros alistados no Exército. Em 1866, do campo de batalha, o argentino Francisco Seeber escreveu que elas seguiam a movimentação do Exército aliado, eram malvestidas, alimentavam-se das sobras dos soldados, para os quais cozinhavam e lavavam. Essas mulheres cuidavam deles quando eram feridos ou ficavam doentes, mas, ainda assim, "seus maridos ou amigos muitas vezes as tratam mal e elas morrerão no esquecimento. Ninguém se lembrará delas, exceto para menosprezá-las".[17]

Do lado brasileiro, José Luiz Rodrigues da Silva, testemunha ocular e escrevendo depois da guerra, lembra-se das mulheres no acampamento no Passo da Pátria, próximo de Humaitá. Elas eram "de vida alegre" e corajosas, pois nas trincheiras da linha de frente e nas batalhas socorriam os feridos, rasgavam suas roupas para fazer ataduras e permaneciam junto a eles até o fim da luta. Outra testemunha, Azevedo Pimentel, recorda-se de Florisbela, sem sobrenome, que acompanhava o 29.º Corpo de Voluntários da Pátria e participava dos combates, utilizando-se da arma de fogo do primeiro soldado que caía ferido. Terminado o confronto, ela seguia até o hospital de campanha para ajudar nos cuidados com os feridos. No entanto, pergunta-se Pimentel, "quem hoje fala em Florisbela, ignorada, desconhecida, quando merecia uma epopeia? [...] o 2.º Corpo de Exército, às ordens do conde de Porto Alegre, viu-a, admirou-a, invejou-a. A Pátria esqueceu-a".[18] Esse autor também se lembra de Maria Francisca da Conceição, que tinha apenas treze anos de idade e se disfarçou de soldado para acompanhar o marido, um cabo do Exército, no ataque aliado à posição paraguaia de Curupaiti (12 de setembro de 1866). Ele morreu e Maria Francisca ficou gravemente ferida, mas salvou-se e ainda participou da Segunda Batalha de Tuiuti (3 de novembro de 1867); com o término da guerra, ela voltou para o Rio de Janeiro, para o anonimato.[19] Talvez tenha sido o caso da jovem piauiense Jovita Alves Feitosa o que mais chamou atenção durante a guerra pelo fugaz interesse que despertou no Rio de Janeiro mas que até há pouco esteve esquecido pela

Jovita Alves Feitosa
e Ana Néri, voluntárias
da Guerra do Paraguai

historiografia. De origem popular, Jovita vestiu-se como homem e apresentou-se para integrar o Corpo de Voluntários da Pátria, criado pelo Governo imperial para reforçar o Exército ante a invasão paraguaia. Seu disfarce foi descoberto ainda no Piauí, porém o presidente da província aceitou-a e ela foi enviada, no posto de segundo-sargento, para a capital fluminense. Aí tornou-se celebridade, mas o Governo imperial recusou sua incorporação como combatente e Jovita teve um fim trágico, suicidando-se em 1867 por motivo passional.[20]

Das mulheres brasileiras que estiveram na guerra, Ana Justina Ferreira Néri foi a mais lembrada até recentemente. Ela constituía exceção entre as brasileiras em campo de batalha por não ter origem popular, pois era viúva do capitão de fragata Antônio Néri. Ana foi para a guerra acompanhando os três filhos, para deles cuidar, e residiu em Corrientes, Humaitá e Assunção; cumpriu o papel que na época se esperava de uma mulher, dedicando-se aos doentes em hospitais militares brasileiros e até mesmo na sua própria casa, num dos casos. O Governo imperial concedeu a Ana Néri uma pensão e a medalha de prata por serviços prestados. Já Florisbela, escreveu Pimentel, "tinha a desventura de ser uma transviada, sem nome, nem família [mas], como a Madalena da Bíblia, merecia achar um Cristo que penhorado [...] a amasse e venerasse!".[21]

O Exército aliado invadiu o Paraguai em abril de 1866, com o objetivo de avançar rumo a Assunção, ocupá-la e depor Francisco Solano López. Para tanto, era necessário tomar a fortaleza de Humaitá, instalada às margens do rio Paraguai, de modo a executar o plano de utilizar a Marinha imperial para apoiar o avanço do Exército aliado, pelo terreno próximo das margens desse curso de água. No entanto, após décadas de isolamento paraguaio, os atacantes não tinham mapas do interior do país e da região em torno de Humaitá, repleta de densos bosques, rios e pântanos. Como consequência, entre abril de 1866 e julho de 1868, as forças aliadas ficaram imobilizadas diante de Humaitá até conseguir cercá-la e levar Solano López a dali se retirar em março desse último ano. No final de julho, os Aliados a ocuparam.

A SOCIEDADE PARAGUAIA, SUAS MULHERES E A GUERRA

Não se esperava uma guerra longa, nem nos governos dos países aliados, nem da parte de Francisco Solano López, e, menos ainda, a dimensão trágica que a caracterizou. O mesmo pensavam os estrangeiros que estavam no Paraguai e não eram contratados pelo Governo, os quais tinham liberdade para partir e poderiam tê-lo feito antes que o país ficasse bloqueado. A maioria deles não foi embora, para não perder os bens que possuíam e fiando-se no fato de que, por não serem paraguaios, seriam poupados das consequências do conflito. Assim pensou a família de Dorothée de Lasserre, que permaneceu em Assunção, ainda que em maio de 1865 uma fragata da Marinha de Guerra do seu país tivesse ancorado no porto da capital para retirar os franceses que desejassem voltar. A partir de meados de 1865, com o bloqueio do rio Paraguai pela Marinha brasileira após a Batalha do Riachuelo, a derrota paraguaia em Uruguaiana e os resultados frustrantes da invasão de Corrientes, tornou-se quase impossível para estrangeiros sair do Paraguai. Nos anos seguintes, navios de guerra europeus e dos

Casario de Assunção com antigo mercado ao fundo, à esquerda

Estados Unidos obtiveram, não sem dificuldades e risco de enfrentamento com a Marinha imperial, autorização brasileira para irem a Humaitá ou Assunção retirar seus cidadãos. Francisco Solano López permitiu a saída de poucos, basicamente daqueles que não fossem úteis ao esforço de guerra paraguaio, como viúvas e crianças.

Durante a guerra, o ditador paraguaio construiu um verdadeiro culto a si e transformou em feriados nacionais as datas de seu aniversário e de sua ascensão ao poder. Solano López também induzia demonstrações de apoio à guerra por parte da população, cuja adesão era uma forma de avaliar a lealdade a ele, sobretudo dos setores sociais mais altos. Daí que em fevereiro de 1867, naquele que possivelmente foi o primeiro encontro nacional de mulheres num país da América Ibérica, reuniram-se mil paraguaias em Assunção. O intuito era criar comissões regionais de mulheres que coletassem joias em todo o território, para "aumentar os meios bélicos da heroica defesa da pátria", segundo ata da reunião que consta no *Libro de oro*.[22] No fim desse mesmo ano, as damas da capital e dos povoados do interior aderiram ao projeto de presentear com uma guirlanda de ouro cravejada de diamantes e um chapéu triunfal o presidente, "benemérito pai da Pátria".[23]

Era mais um teste da fidelidade da elite, pois se tratava de doar joias que tinham uma dimensão afetiva, já que pertenciam a heranças vindas de gerações, e também dinheiro e ouro essenciais para atender as crescentes necessidades das famílias, cujos homens quase sempre haviam ido para a guerra.

As mulheres da elite tinham, constantemente, de demonstrar serem leais a Solano López, pois seus parentes se encontravam na guerra e, na ditadura lopista, qualquer palavra ou postura suspeitas motivavam delação e prisão do autor e de sua família. Pelo fato de o número dessas mulheres ser reduzido, elas eram facilmente espionadas e vigiadas, mas ainda assim conseguiram esconder joias, depositando-as em consulados ou representações diplomáticas — havia os de Portugal, França, Itália e Estados Unidos — ou enterrando-as, na esperança de recuperá-las no futuro. Era mais complicado, se não impossível, espionar e controlar com igual rigor as

Mulheres da elite paraguaia em cerimônia de entrega do *Libro de oro* a Francisco Solano López, em demonstração de fidelidade ao ditador (1867). O exemplar pesa dez quilos

mulheres do setor popular, por serem numerosas e se movimentarem no dia a dia em suas diferentes tarefas. De acordo com a socióloga paraguaia Milda Rivarola, certas fontes documentais demonstram ter havido resistência feminina silenciosa ao conflito, sendo sugestivo que no ano de 1868 os processos políticos contra mulheres tivessem totalizado o triplo daqueles contra homens, conforme a documentação existente nos arquivos judiciais paraguaios. Tais processos acusavam-nas de, entre outras coisas, difundir notícias "derrotistas" nos acampamentos, fornecer bebida alcoólica em excesso aos soldados para facilitar-lhes enfrentar os desafios da guerra ou espalhar o boato de que Solano López e Elisa Lynch haviam abandonado o Paraguai. Algumas dessas mulheres, segundo os processos, tinham afirmado preferir ter seus homens em casa, mesmo que feridos ou inválidos, a vê-los mortos em nome da pátria.[24] As mulheres paraguaias também foram mortas por motivos políticos e, em 1869, havia 197 delas presas no país por fazerem declarações críticas ao Governo.[25]

Portanto, a sobrevivência dos paraguaios, fossem eles membros da elite ou dos setores populares, estava condicionada aos azares da guerra e à demonstração de adesão entusiástica ao ditador. Assim, adulava-se Solano López omitindo-se comentários sobre sua responsabilidade no desencadear do confronto e suas várias decisões militares erradas. Sabia-se o que ocorria na guerra graças às mulheres que circulavam entre Assunção e Humaitá, ou àquelas que ficavam no porto da capital e tinham contato com os que chegavam dessa fortaleza. Estes eram comerciantes, soldados e mulheres — mães, irmãs e companheiras —, e sua aparência física, expressões e discretas frases incompletas bastavam para se concluir que, ao contrário do que dizia a propaganda oficial, a situação militar paraguaia era delicada.

A estratégia pragmática para sobreviver ao regime de Solano López, relata Dorothée, era a pessoa tornar-se praticamente invisível aos olhos das autoridades e evitar quaisquer ações que chamassem a atenção, inclusive aquelas visando ao bem de terceiros. De fato, a postura humanitária de José Maria Leite Pereira, encarregado do consulado português em Assunção, custou-lhe a vida. Nos anos de 1865 e 1866, foram transferidos de Mato Grosso para Assunção entre quinhentos e seiscentos civis brasileiros e estrangeiros que moravam em Corumbá e foram obrigados a deixar para trás seus bens, saqueados pelos invasores.[26] Na capital paraguaia, esses brasileiros não recebiam alimentos, roupas, nem alojamento, pois, por serem civis, não eram considerados prisioneiros, embora ali estivessem por ato de força, sem poder partir e desprovidos dos recursos básicos para viver. Já os militares brasileiros aprisionados encontravam-se num quartel em péssimas condições mas ganhavam alguma comida.

Em junho de 1865, o cônsul francês em Assunção, Laurent-Cochelet, informou a seu Governo sobre "algumas violências praticadas impunemente pelas vendedoras [paraguaias, de rua] contra as escravas brasileiras".[27] Mulheres e homens escravizados de Mato Grosso foram levados pelo Exército paraguaio para Assunção e utilizados como mão de obra. Segundo Thompson, inglês que foi engenheiro-chefe do Exército paraguaio, essas pessoas escravizadas foram repartidas entre famílias na capital do país e deveriam receber comida, em troca de seu trabalho. Aparentemente nem comida recebiam,

Mulheres paraguaias na época da guerra, em representação romantizada

pois muitas delas tinham de mendigar nas ruas "e dava pena ver quão desgraçadas pareciam".[28]

Em agosto de 1866, mais moradores de Corumbá foram levados para Assunção e encontravam-se "famintos e quase nus". O gerente do consulado português na capital, Leite Pereira, socorreu não só seus conterrâneos mas também os demais, chegando a alojar alguns em sua casa e numa chácara que possuía. Tomou essa iniciativa autorizado pelo Governo paraguaio, o qual depois passou a pressioná-lo, acusando-o falsamente de atividade ilegal de câmbio de moedas. Em 1868, Leite Pereira estava entre as centenas de pessoas fuziladas em San Fernando, sob acusação de traição.[29] Sua esposa foi companheira de infortúnio de Dorothée na marcha pelo interior paraguaio.

A guerra repercutiu de forma diferenciada entre as mulheres paraguaias, de acordo com sua condição social. Até 1868, aquelas da classe alta mantiveram, no geral, uma situação confortável, pois continuaram a dispor de empregadas e eventualmente de pessoas escravizadas, além de permanecerem em suas casas e não lhes faltar comida. Algumas chegaram a lucrar com a invasão de Mato Grosso, dentre as quais Inocencia, irmã de Solano López, que havia se casado com o general Vicente Barrios, comandante de uma das colunas invasoras da província. Elas foram ao Forte de Coimbra e à cidade de Corumbá, sob o pretexto de cuidar dos soldados paraguaios feridos, e retornaram a Assunção carregando uma grande quantidade de joias e objetos de valor, saqueados dos habitantes dessas localidades. Enquanto isso, as mulheres paraguaias do setor popular participavam duramente nos trabalhos agrícolas e artesanais, e em 1866 eram responsáveis por cerca de 70% do comércio de alimentos no país.[30]

As características dramáticas da guerra e a maciça participação das mulheres paraguaias no conflito, como mão de obra quer na economia, quer nos acampamentos militares, repercutiram em jornais na Europa e nos Estados Unidos. A repercussão se ampliou em 1867, quando surgiram notícias da formação de batalhões femininos no Paraguai. Isso gerou reações opostas, pois "o que para uns era a confirmação da popularidade e patriotismo próprios à causa paraguaia, para outros representava mais uma 'afronta à civilização' por parte de um Governo despótico". No início de 1868, por todo o Paraguai houve um movimento para organizar batalhões de mulheres de dezesseis a quarenta anos de idade, convocadas por alguma autoridade mas oficialmente classificadas como voluntárias, poupando-se as damas da elite assuncionense. Era mais um exemplo da indução pelo Governo de atos artificialmente patrióticos e que serviam para reforçar a imagem de Solano López como líder da nação, admirado e seguido com devoção pelo povo. No final, nenhuma das companhias de mulheres foi incorporada ao Exército, mas muitas delas foram enviadas para realizar trabalhos no acampamento em Humaitá, limpá-lo, cortar e transportar lenha, e inclusive cavar trincheiras. A partir de 1868, quando o Exército paraguaio não mais resistiu ao cerco e retirou-se da fortaleza, há referências à participação de mulheres paraguaias nos sucessivos combates contra os Aliados, bem como ao fato de elas serem aprisionadas e violadas.[31]

Mulheres e crianças paraguaias do interior, em retrato que expõe os sofrimentos de guerra (1867)

SAN FERNANDO: TORTURA E MORTE

Até 1868, Dorothée e sua família viveram sem maiores percalços, continuando com suas atividades no comércio varejista, pois a frente de batalha se encontrava estagnada em Humaitá desde 1866, a pouco mais de duzentos quilômetros da capital. No entanto, em 19 de fevereiro desse ano, navios de guerra brasileiros blindados — quando ainda predominavam os de casco de madeira — passaram pela fortaleza, havendo intensos tiroteios, e navegaram até Assunção, onde também houve troca de fogo de artilharia com as baterias de defesa da cidade. O desdobramento possível desse ataque seria o desembarque de tropas aliadas para ocupar a capital, o que não ocorreu. Por precaução, Solano López ordenou a evacuação da cidade e nomeou Luque, distante uns quinze quilômetros, como a nova capital do Paraguai.

Nessa desocupação, os estrangeiros tiveram tratamento diferenciado, pois puderam argumentar sobre seu destino junto ao juiz da cidade, encarregado de decidir para onde as pessoas seriam transferidas. A família de Dorothée seria enviada para a localidade de Valenzuela, a cerca de cem quilômetros da capital, mas graças à interferência do cônsul francês, amigo dela, seu destino foi alterado para Limpio, distante doze quilômetros de Luque. Dorothée, familiares e três serviçais instalaram-se numa pequena propriedade rural, onde se dedicaram à produção de aguardente. Não puderam, porém, isolar-se da realidade, e em 6 de julho Narcise foi convocado pelo chefe da polícia de Luque e não voltou para casa. Dias depois, Dorothée recebeu roupa suja do marido para lavar e nela encontrou um bilhete escondido, no qual ele informava estar preso, sem saber por qual motivo. Seu pai, Cyprien Duprat, foi levado em 14 de julho, e no dia 19 autoridades policiais arrombaram a porta da casa da família e arrastaram seu irmão Aristide para fora. Os três foram remetidos para a localidade de San Fernando, onde os fuzilaram; Aristide em 9 de agosto e, no dia 28 do mesmo mês, Cyprien e Narcise tiveram igual destino. Dorothée não soube dos fuzilamentos e manteve a esperança de que os três continuavam vivos, tendo sido comunicada da morte deles somente em dezembro de 1869. Aos 23 anos de idade, ela não ficou só, pois além da mãe, Gabrielle, moravam na sua casa a sr.ª Eugenia Villatte de Gutierrez, dois criados, um de cada uma, e um cozinheiro.

San Fernando era uma área selvagem, situada a um quilômetro da margem do rio Tebicuary e a uns dez da sua foz, no Paraguai. Nessa região, Solano López instalou seu quartel-general, no fim de março de 1868, acompanhado de cerca de 8 mil soldados. No começo, podia comunicar-se por via telegráfica apenas com as posições militares paraguaias nas proximidades, mas não com Assunção. Na capital, a aparição dos dois navios de guerra brasileiros levou o coronel Venancio López, irmão de Solano e comandante militar da cidade, a solicitar ao vice-presidente da República, Francisco Sánchez, a convocação de um Conselho Consultivo. Ambos fizeram parte deste, assim como Benigno López, um juiz e quatro outros expoentes locais. O objetivo da reunião era decidir, na falta de ordens de Solano López, o que fazer diante do surgimento de navios inimigos na baía assuncionense. O conselho concluiu que deveria haver resistência armada a novas incursões da Marinha brasileira e confirmou-se a transferência da capital para Luque, decisões que foram corroboradas num segundo encontro.

Ao tomar conhecimento dessas reuniões, Solano López suspeitou que conspiravam para tirá-lo do poder e substituí-lo por seu irmão Benigno. Este, recorde-se, tinha sido a primeira opção de Carlos Antonio López para sucedê-lo e, entre seus três filhos e duas filhas, era o mais bem preparado intelectualmente. Benigno foi preso em San Fernando sob a acusação de conspiração e, para livrar-se das torturas a que o submetiam, confessou que existia de fato um complô e que entre os envolvidos estava o representante diplomático dos Estados Unidos, Charles Washburn, o qual, disse Benigno, era o intermediário entre o marquês de Caxias, comandante em chefe das forças brasileiras, e os conspiradores, os quais desejavam pôr fim à guerra. Mais tarde, o Congresso norte-americano realizou um inquérito sobre a acusação a Washburn e inocentou-o. Solano López utilizava o terror para controlar a sociedade paraguaia, era bem informado por espiões e alcaguetes, e não haveria condições de articular-se uma conspiração da qual participariam centenas de pessoas, sem que o ditador ficasse sabendo dela logo no início.

Acusados de fazerem parte dessa falsa conspiração, foram presos o ex-ministro das Relações Exteriores José Berges; as duas irmãs de Solano López; um funcionário do consulado francês; o já citado José Maria Leite Pereira, do consulado de Portugal; juízes de paz; chefes políticos locais; e os comandantes militares de San Lorenzo e Vila Rica. Também foram presos estrangeiros que prestaram serviços importantes ao Governo, como Jorge F. Masterman, farmacêutico-chefe do Exército paraguaio, e Porter Cornelius Bliss. Este, torturado e na tentativa de salvar-se, escreveu na prisão um livro para satisfazer o paranoico Solano López, relatando o comportamento conspirativo de Washburn. O major prussiano Von Versen, enviado por seu Governo para observar a guerra, e vários engenheiros britânicos foram presos e conseguiram sobreviver. A mesma sorte não tiveram, entre outros estrangeiros, o maquinista britânico John Watts; um capitão italiano; dois ex-diplomatas uruguaios; diversos cidadãos de Corrientes que tinham apoiado a invasão paraguaia a sua província; e o naturalista sueco Eberhard Munck.

Em San Fernando não existia construção que pudesse servir de prisão às centenas de pessoas presas, e elas foram colocadas num grande terreno com cerca vigiado por soldados.

Ficaram ao relento, expostas ao sol ardente, às tempestades, e dormiam diretamente no chão. Os tribunais eram uma farsa, uma vez que não havia advogados de defesa, todas as confissões foram arrancadas sob tortura e as sentenças já estavam determinadas. O uso da tortura fazia parte das leis militares do período colonial, às quais Solano López recorreu para criar tribunais integrados por juízes escolhidos por ele para supostamente investigar e julgar os acusados. A prática da tortura foi um verdadeiro terrorismo de Estado, usada para evitar que a sociedade paraguaia demonstrasse algum tipo de descontentamento organizado, diante dos seguidos desastres militares do ano de 1868. Não se tratava, porém, de uma novidade, pois essa prática ocorrera nos governos de Francia e de Carlos Antonio López.

Os tribunais de San Fernando ficaram conhecidos como "tribunais de sangue", devido à violência com que atuaram e ao fatídico destino de quase todos os acusados, os quais, antes dos julgamentos, eram chicoteados, agredidos a pauladas, tinham os dedos esmagados por marteladas ou eram submetidos ao terrível "cepo de Uruguaiana". Neste, os torturados ficavam de joelhos, com fuzis — eles eram grandes e pesados — atrás deles e também sobre os ombros e encostados na nuca. Os fuzis eram amarrados um ao outro por cordas de couro molhadas, que apertavam o corpo da vítima conforme secavam, tendo como resultado a morte ou a quebra da coluna vertebral. Alguns acusados foram fuzilados, mas a maior parte foi assassinada

Prisioneiros de guerra e famílias paraguaias torturados no acampamento de San Fernando

com estocadas de lança ou golpes de baioneta, havendo ainda degolados e decapitados. Eram dezenas de execuções diárias, feitas por pré-adolescentes de doze a catorze anos de idade. Quando o Exército brasileiro chegou a San Fernando, encontrou centenas de cadáveres em valas comuns abertas onde haviam afixado cartazes com a inscrição "Traidores da Pátria".

No final de agosto, Solano López transferiu-se para Piquissiri e os prisioneiros sobreviventes tiveram de caminhar, durante sete dias, cerca de duzentos quilômetros, com grilhões de ferro presos aos pés. Na marcha atravessaram um grande pântano, com água pela cintura, e aqueles que, exaustos, não tinham mais forças para prosseguir na caminhada foram mortos. Em depoimento prestado posteriormente, um antigo ajudante de ordens de Solano López afirmou que muitas mulheres não resistiram à longa marcha e, nesse caso, "tínhamos ordem superior de matar as que não podiam continuar, sendo lanceadas ou degoladas", de modo a impedir que dessem informações ao inimigo.[32]

Entre 31 de maio e 14 de dezembro de 1868, foram mortas até 2 mil pessoas — não há um número preciso — nas prisões paraguaias, três quartos por acusação de traição. Um terço delas era de prisioneiros de guerra que, pela condição de estrangeiros, nem sequer deviam lealdade a Solano López. Um cunhado deste, general Barrios, foi fuzilado; Benigno, irmão do ditador, foi executado depois de ser duramente chicoteado; o bispo Palacios, pouco antes um adulador de López, foi fuzilado pelas costas, assim como o ex-chanceler José Berges. As execuções continuaram nos últimos meses de guerra, quando dezenas de pessoas foram mortas com lanças, sob a acusação de conspiração na localidade de Concepción, entre elas, membros da guarda pessoal de Solano López.

DOROTHÉE SE TORNA UMA *DESTINADA*

Dorothée e sua mãe alimentavam a esperança de que Narcise, Cyprien e Aristide seguiam vivos, pois, afinal, sabiam que eles eram inocentes. Mas não foi o que decidiram os juízes dos "tribunais de sangue", e elas, por serem parentes de supostos traidores, tornaram-se igualmente "traidoras". Até então as duas haviam se mantido com algum conforto, já que tinham dois criados e alguns bens, como animais de tração e carroça. Ademais, no seu breve retorno a Assunção em dezembro de 1868, quando antigos moradores da cidade receberam autorização para isso, elas conseguiram recuperar alguns bens que tinham deixado ali. Ao voltarem, Dorothée e a amiga Eugenia Gutierrez encontraram suas casas arrombadas e reviradas, tendo sido vítimas de saque, provavelmente cometido por autoridades locais. Dias depois, em 1.º de janeiro de 1869, tropas do Exército imperial, acompanhadas de comerciantes de diferentes nacionalidades, entraram em Assunção e também a saquearam.

Como resultado dessa ocupação, Solano López ordenou a evacuação civil da região próxima. Durante o recuo pelo interior do país, sua política foi a da terra arrasada, não deixando nada para trás, nem plantações e animais que serviriam para o provimento das tropas aliadas, nem pessoas que pudessem colaborar com os Aliados. Dorothée, sua mãe, seu criado e demais moradores da casa foram enviados para a localidade de Piribebuy e, em seguida, para o interior com outras mulheres e sem empregados. As acusadas de traição eram muitas vezes açoitadas antes de serem confinadas em regiões remotas e, por serem encaminhadas ao exílio interno, ficaram conhecidas como *destinadas*. Elas provinham predominantemente dos setores sociais mais altos e converteram-se em prisioneiras obrigadas a, entre outros trabalhos, colher frutos silvestres, trazer troncos dos bosques e plantar alimentos para o esforço de guerra, sob estrita vigilância de soldados que as mantinham isoladas. Já as mulheres que apoiavam Solano López, que doaram suas joias ao Estado — parte delas tornou-se *destinada* — ou deram outras mostras de lealdade, elas acompanharam de forma supostamente voluntária a marcha dos soldados, trabalhando como enfermeiras e até agricultoras. A maioria delas pertencia ao setor popular e morava próximo à tropa, daí serem chamadas de *residentas*.[33] No entanto, com o recuo constante das tropas paraguaias diante do avanço aliado, ficou cada vez mais difícil distinguir aquelas que seguiam por vontade própria o Exército das que eram forçadas a fazê-lo. Na prática, a fome e a morte atingiam a todas indiscriminadamente.

As *residentas* eram retiradas de seus povoados à medida que se aproximavam as forças aliadas e eram enviadas, em grupos de cinquenta a cem mulheres, para outros lugares. Eram, então, reunidas em grupos nos quais uma sargenta as vigiava e cuidava de manter a ordem. Elas deviam trabalhar entre doze e catorze horas diárias e, caso fosse na agricultura, também nas noites enluaradas. Esse excesso de trabalho,

PARAGUAI — ITINERÁRIO DAS *DESTINADAS*

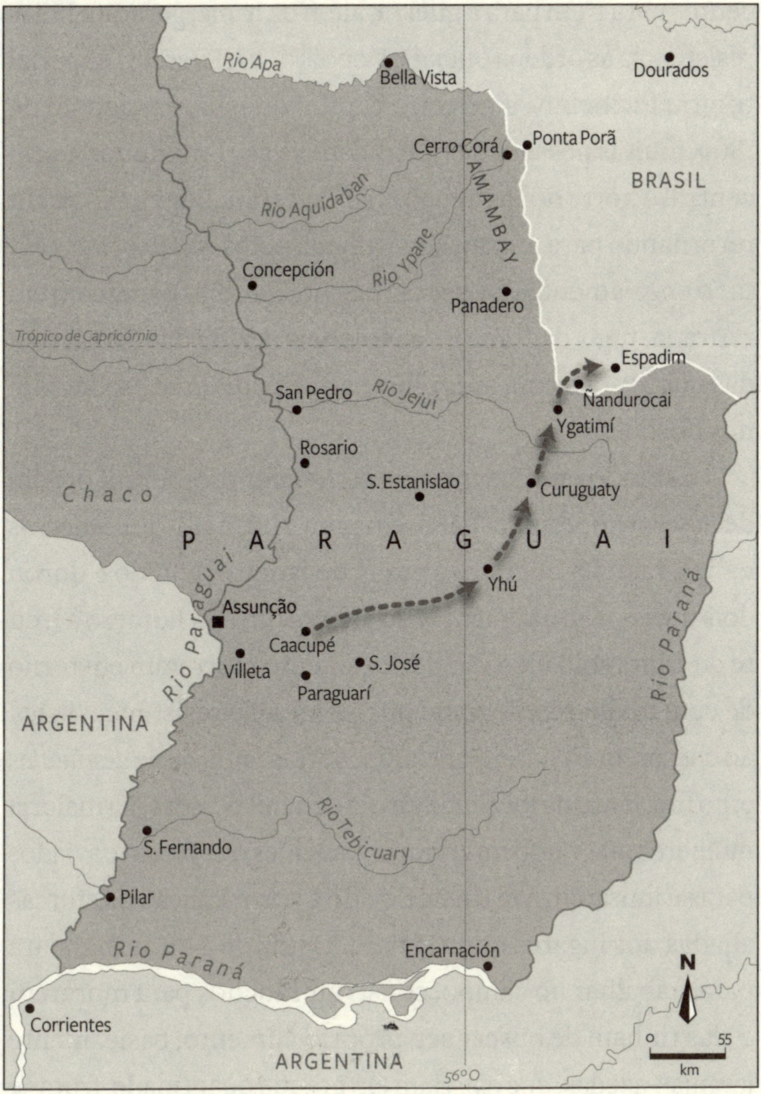

a ausência dos maridos e a convocação de filhos pré-adolescentes para irem para a guerra, além da fome, geraram nelas resistência às ordens oficiais. Depois que o Exército imperial tomou Piribebuy, a terceira capital do país, em agosto de 1869, muitas pessoas das localidades das cordilheiras, parte central e norte do Paraguai, abandonaram López e fugiram, retornando para Assunção, ocupada pelos Aliados. Para evitar o engajamento dos seus filhos no Exército paraguaio em retirada, fugir da fome e da violência sexual das forças aliadas que avançavam, as mulheres que podiam se escondiam nos bosques.[34]

Estando em Caacupé, as *destinadas* receberam ordem de Solano López para partirem para Yhú, a 140 quilômetros dali. A marcha iniciou-se em 15 de janeiro de 1869 e durou dois meses, sob a vigilância do alferes Ignacio Romero à frente de trinta soldados. No deslocamento morreram em torno de cem mulheres, de fome ou por falta de resistência física. Ao chegarem a Yhú, encontraram outras famílias de *destinadas* e, no fim, havia na localidade mais de 2 mil pessoas, na maioria mulheres mas também crianças e anciões que foram enviados para se juntarem à marcha, devido à aproximação das forças aliadas dos lugares onde viviam. O juiz de Yhú as mandara para trabalhar no campo, construir ranchos para morarem, e elas tinham de buscar seu próprio alimento, basicamente laranjas-azedas, que existiam em grande quantidade, frutas e pequenos animais silvestres. Nos meses em que permaneceram nesse acampamento, as *destinadas* chegaram a interagir com os habitantes de Yhú, mantendo boas relações com eles.

Dorothée e sua mãe tiveram melhor sorte e não ficaram no acampamento. Elas se colocaram, em Yhú, como ajudantes domésticas e cuidadoras de quatro crianças, em troca de alojamento e comida na casa de Maria Ana Paredes de Villagra, que se apiedou delas. No seu relato, Dorothée mostra-se agradecida a essa senhora, e de fato, mesmo estando Solano López enfraquecido com as seguidas derrotas militares, ainda era um ato temerário abrigar alguém que tivesse caído em desgraça junto a ele. A sr.ª Paredes de Villagra é homenageada num mural no Parque Histórico Isla Pakova, inaugurado em 2019, no local onde as *destinadas* ficaram confinadas em Yhú.[35]

Em setembro de 1869, Solano López continuava a fugir da perseguição do Exército aliado, e em Caraguaty soube que uma força inimiga se dirigia a Yhú. Ordenou que as *destinadas* fossem retiradas dessa localidade e, cinco dias depois, elas e habitantes de Yhú, num total de 2500 pessoas, seguiram para novo destino, Curuguaty. O trajeto de setenta quilômetros foi percorrido em catorze dias, nas condições deploráveis de sempre e que, dessa vez, custaram a vida de doze adultos e três crianças. Desde o final de agosto, as estradas já normalmente precárias haviam piorado devido às chuvas; estavam encharcadas, e suas margens, em diferentes trechos, constituíam brejos

Memorial no Parque Histórico Isla Pakova, inaugurado em 2019, em Yhú, local de confinamento das *destinadas*. No lado esquerdo do mural veem-se as *destinadas* caminhando. No detalhe, a representação de Maria Ana Paredes

perigosos nos quais se viam "mulheres e crianças abandonadas [...], muitas atoladas à espera da morte, pois não tinham forças para se safarem".[36]

No longo trajeto desde Luque até o fim de sua condição de *destinada*, em dezembro de 1869, Dorothée foi espoliada gradativamente de dinheiro e outros bens pessoais, por militares e funcionários civis paraguaios, em troca de pequenas concessões e na obtenção de alimentos que, afinal, permitiram a ela e a sua mãe sobreviverem. Elas estiveram em Curuguaty por pouco tempo, uns vinte dias, pois em 18 de outubro os Aliados vindos de Yhú se dirigiam para lá, perseguindo Solano López. Este determinou que as *destinadas* fossem transferidas para a localidade de Ygatimí, a uns 35 quilômetros de distância, repetindo-se na retirada a incorporação da população do povoado que era abandonado. No percurso, a coluna paraguaia que escoltava Solano López e família em seu recuo rumo ao norte alcançou as centenas de *destinadas*, que caminhavam lentamente. A elas foi ordenado que se afastassem, entrassem na mata e dela não saíssem, porque nem Solano López nem Elisa Lynch queriam ver as traidoras.

Após nova marcha de quinze dias, as 2800 pessoas que faziam a retirada forçada chegaram a Ygatimí. Novamente as *destinadas* receberam ordens para construir ranchos e cultivar a terra, pondo em risco sua sobrevivência, pois não tinham instrumentos nem sementes. Hoje, a alguns quilômetros dessa localidade, há um bairro rural chamado Las Residentas, em homenagem à memória de mulheres que foram mortas com lanças pelos soldados e atiradas numa vala comum. Em Ygatimí encontraram-se as *destinadas* com as *residentas*, as quais recuavam acompanhando o que sobrara do Exército paraguaio, algo entre 5 mil e 7 mil homens, que seguia Solano López.[37] Na realidade, a essa altura todas essas mulheres eram vítimas de violências e fome e pouca utilidade tinham para a tropa do ditador, mas este as obrigava a continuarem recuando para o interior, a fim de não permanecerem em território controlado pelo Exército brasileiro.

Assim, essas mulheres ficaram poucos dias em Ygatimí e receberam ordens para marchar, as *destinadas* para Espadim, quarenta quilômetros ao norte, um local despovoado no meio da selva, e parte das *residentas* com a coluna de Solano López. Era uma dura caminhada, pois as *destinadas*, exaustas e esfomeadas, seguiam por mata fechada, enfrentando o terrível calor úmido do verão paraguaio, sob ameaça de animais selvagens e de répteis venenosos. Ademais, tinham de atravessar os montes da cordilheira de Maracaju, algumas carregando crianças no colo. O calor era tanto que, por esses dias, num deslocamento de batalhões do Exército imperial, boa parte dos soldados caiu prostrada na marcha.[38]

No caminho das *destinadas* para Espadim era escassa a presença de camponeses, os quais anteriormente haviam lhes fornecido alguma comida. Povoavam essa região sobretudo índios Guayakí e Mbayá, que não estavam dispostos a socorrê-las, e sim a vender-lhes frutas e vegetais a preços exorbitantes, quando grande parte delas já não tinha dinheiro nem joia — mas algumas ainda tinham — para utilizar como pagamento. As *destinadas* chegaram a Espadim em condições físicas precárias e ali puderam ficar, mas tratava-se de um lugar cercado de matas, à margem de um arroio, carente de alimentos, e o único destino delas era a morte por inanição. Apenas cerca de vinte soldados as vigiavam, mas boa parcela das *destinadas* não tinha forças para fugir e nem mesmo sabia para onde ir. Eram prisioneiras da selva e das circunstâncias. Espadim era uma espécie de campo de concentração, e estavam ali fazia quase um mês quando souberam que tropas brasileiras se encontravam na região e algumas das mulheres tomaram a iniciativa de sair dessa prisão verde e atravessar matas e riachos perigosos em busca do Exército imperial.

Em 7 de dezembro, o sacerdote paraguaio Eliseo Cantero escapou da área controlada por Solano López. Interrogado por militares brasileiros, ele informou que havia *destinadas* em Espadim e que elas inevitavelmente morreriam, pois não havia nada para comer, nem sequer laranjas-azedas. Também nesse dia, o coronel Fidelis retornou de patrulha na área da vila de Ygatimí e comunicou ter encontrado trinta *destinadas* junto ao rio de mesmo nome. Elas tinham sido levadas até lá pelos índios Caiuá, cujo cacique, chamado Galeano, cobrou caro para fazê-lo, e Fidelis soube que outras *destinadas* estavam nos bosques, fugindo pelo mesmo trajeto. Uma semana depois, chegaram a Curuguaty mais de oitenta dessas mulheres e várias crianças, com sobrenomes de famílias tradicionais de Assunção, "vestidas de modo a demonstrar uma passada representação social e presente [d]e extrema desgraça". Algumas ainda usavam "anéis de diamantes, restos de bens que desapareceram nas mãos de López e, ultimamente, na dos índios Caiuá que lhes vendiam por preço despropositado os mais singulares alimentos", como lagartixas e répteis.[39]

Encontrava-se em Espadim, com duas filhas pequenas, uma irmã do tenente-coronel Antônio José de Moura, que comandava tropa da cavalaria brasileira na região. Natural do Rio Grande do Sul, durante o Governo de Carlos Antonio López ela se casara com um português, morador de Vila Rica, a segunda maior cidade do Paraguai. Viúva, permaneceu aí, mas no decorrer da guerra foi *destinada* para Yhú e, em seguida, para Ygatimí e Espadim. Em 22 de dezembro, Moura partiu para Espadim à frente de cinquenta soldados da cavalaria, e o trajeto que percorreu estava "juncado de mulheres e crianças à fome, degoladas ou lanceadas pelos espias de López"; doze espiões foram aprisionados pelo oficial brasileiro.[40] Nos caminhos de Jejuí-mi (rio e localidade) e de Ygatimí, que estava próximo, havia um "número extraordinário de cadáveres", basicamente de civis paraguaios, e, como consequência sanitária, os soldados da cavalaria brasileira que patrulhavam esses territórios adoeceram, "de modo que os hospitais estabelecidos em Curuguaty estão atopetados de doentes".[41] Em 1873, uma comissão brasileiro-paraguaia demarcadora dos limites fronteiriços foi para Espadim, em cujo caminho um dos seus membros, o capitão paraguaio Domingo A. Ortiz, relatou haver "numerosos crânios e ossos humanos". Já Espadim é uma

Tenente-coronel Antônio José de Moura (1878)

"horrível necrópole, onde os numerosos vestígios das infelizes vítimas que ali gemiam entre a fome e a miséria, sofrendo atrozes tormentos, afligem profundamente o ânimo mais frio e insensível".[42]

Moura libertou mil mulheres e crianças, mas apenas pouco mais de quatrocentas delas o seguiram de volta ao quartel-general do conde d'Eu, marido da princesa Isabel, que, desde abril de 1869, era comandante em chefe das forças brasileiras na guerra. As demais *destinadas* libertadas não tinham forças para acompanhar o tenente-coronel devido à inanição e ficaram prostradas pelo caminho. Quando Moura chegou a Espadim, sua irmã já havia morrido, mas as sobrinhas ele pôde resgatar. No dia 29 de dezembro chegaram outras 350 *destinadas* ao quartel-general do Exército imperial, entre elas Dorothée e a mãe. Nas suas memórias, Dorothée registra o momento do encontro com o conde d'Eu e seu estado-maior, em cuja recepção percebeu curiosidade e também compaixão em relação a elas. No registro diário das atividades militares do Exército brasileiro lê-se:

> Quarta-feira 29.
>
> Chegaram a Caraguaty 350 *destinadas*, ultimamente salvas pelo tenente-coronel Moura.

Conde d'Eu e seu estado-maior em Lambaré

O espetáculo que oferecia a singular procissão dessas mulheres, que haviam resistido às mais apuradas necessidades e que enfim atingiam o dia ardentemente desejado de sua libertação era comovente e ao mesmo tempo curioso. Aí se viam representantes de nomes familiares em todas as peças [documentos] oficiais do Paraguai e consequentemente sobremaneira bajulatórias a López e ofensivas ao Brasil, caminhando a pé, quase nuas, carregando na cabeça o que havia a custo escapado do naufrágio de suas fortunas. A mãe do bispo Palacios com sua filha Carmelita, célebre [a mãe] pelos seus desmandos nos saques das povoações de Mato Grosso;

as sr.[as] Decoud, Haedo, Aquino, Bedoya, Barrios, irmã do general [casado com irmã de Solano López e fuzilado por este]; a mulher do infeliz cônsul português Leite Pereira; a francesa Duprat com sua filha Mme Lasserre, muitas mulheres escravas e criadas; crianças etc., foram se apresentar a Sua Alteza [o conde d'Eu], que ordenou a distribuição de alimentos e fê-las acomodar, umas em casas, outras ao redor da igreja, no vasto alpendre que a circunda.[43]

Dorothée encontrou forças para atender o pedido do coronel Pinheiro Guimarães e escrever sua memória de *destinada*, ainda no quartel-general, no início de 1870. Em fevereiro desse ano, o capitão brasileiro Benedito de Almeida Torres fez uma cópia da memória, preservando o idioma espanhol da versão original, para o Governo imperial, com base na qual foi realizada a tradução aqui contida. Em Buenos Aires o testemunho de Dorothée foi divulgado imediatamente pelo jornal *La Nación*, de Bartolomé Mitre, nas edições de 4 e 5 de março de 1870, com o título "Aventuras y padecimientos de madama Dorotea Duprat de Lasserre". No mesmo ano, ainda na capital argentina e por encomenda do Governo desse país, publicaram-se as memórias como folheto e em inglês, com o título *The Paraguayan War: Suffering of a French Lady in Paraguay* nas gráficas do jornal *The Standard*, de propriedade dos irmãos irlandeses Edward e Michael Mulhall. No Brasil, a imprensa

GUERRA DO PARAGUAY

MEMORIAS

DE

Mme DOROTHÉA DUPRAT DE LASSERRE

VERSÃO E NOTAS

DE

J. ARTHUR MONTENEGRO

Membro correspondente do Instituto Geographico-Archeologico de Pernambuco

1ª EDIÇÃO

RIO GRANDE DO SUL

Editores: Reis, Bastos & C. — Typ. TROCADERO

1893

Frontispício da edição brasileira de 1893, com versão e notas de José Arthur Montenegro

carioca e documentos oficiais do Governo trouxeram várias referências e comentários ao depoimento de Dorothée, mas a primeira edição em livro é de 1893, no Rio Grande do Sul, feita por J. Arthur Montenegro com o título *Guerra do Paraguay: memórias de Mme Dorothéa Duprat de Lasserre*. No Paraguai, o texto de Dorothée foi publicado integralmente em 1991 no livro *Residentas, destinadas y traidoras*, de autoria de Guido Rodríguez Alcalá.

O interesse público pelo depoimento de Dorothée logo após o término do conflito decorre, de um lado, de sua condição de mulher, a única a escrever a respeito do tema até então. Isso parecia uma espécie de garantia para o leitor de que leria algo diferente, com novas perspectivas, dos repetitivos relatos de ex-combatentes sobre seus feitos na guerra. Ademais, a autora era francesa, o que constituía um atrativo adicional para um público submetido a descrições e avaliações do confronto partidárias e facciosas, pois poderia trazer uma apresentação mais ponderada dos eventos. E, de fato, o texto de Dorothée traz à luz a realidade das *destinadas*, mas sua experiência e suas palavras vão ao encontro do discurso dos governos brasileiro e argentino para justificar a continuidade de uma guerra tão sangrenta e que sofria oposição interna: era uma luta civilizadora, contra o bárbaro e sanguinário ditador Solano López, opressor de seu próprio povo. O Governo do presidente Mitre sofreu essa oposição mais intensamente, inclusive enfrentando uma rebelião armada, e, portanto, o "mitrismo" político e intelectual utilizou-a como comprovação de seu discurso. Também Jorge Federico Masterman teve o livro *Siete años de aventura en el Paraguay* publicado em Buenos Aires já em 1870 e, nesse mesmo ano, em Londres, com o título *Seven Eventful Years in Paraguay: A Narrative of Personal Experience Amongst the Paraguayans*. No ano anterior, o inglês George Thompson, que foi engenheiro-chefe do Exército paraguaio, publicou em inglês, em Londres, um livro sobre a guerra que foi traduzido de imediato para o espanhol e lançado em Buenos Aires com o título *La Guerra del Paraguay*, trazendo o nome do autor grafado como Jorge. Este era crítico a Solano López, mas, diferentemente de Dorothée ou de Masterman, também registrava violências cometidas pelos Aliados e falhas de seus chefes militares.

A Guerra do Paraguai foi uma hecatombe humana, política e financeira para os países que dela participaram, nos quais havia interesse em saber mais sobre o confronto. A confirmação dos atos sangrentos praticados por Solano López, relatados por suas vítimas ou por observadores, interessava a setores políticos nos países envolvidos no conflito. Tais publicações atenderam, portanto, esses dois públicos, e o fizeram com descrições honestas das experiências pessoais de seus autores. Note-se que no imediato pós-guerra e quase até o final do século XIX não se encontram trabalhos tão importantes — pela vivência dos autores e pela comprovação dos fatos — defendendo a competência de Solano López como estrategista militar ou chefe de Estado. Sua imagem de herói trágico, suposta vítima da agressão de seus poderosos vizinhos Brasil e Argentina e que teria sacrificado a vida pela independência de seu país, foi conscientemente construída. Isso ocorreu motivado por interesses concretos, econômicos e políticos, tendo se iniciado no fim do século XIX, no Paraguai, e, por razões diversas, repercutiu fora do país até ser questionado por uma nova historiografia, com base em documentos, a partir da década de 1990.[44]

Francisco Solano López foi morto pelo Exército imperial em Cerro Corá, no dia 1.º de março de 1870. Terminada a guerra, o Paraguai, destruído materialmente, encontrava-se numa situação de extrema miséria, e suas perdas humanas, resultantes não só dos combates mas também da fome e das doenças, tinham reduzido a população de cerca de 380 mil-450 mil habitantes para cerca de 190 mil-220 mil. São números aproximativos, como quase todas as estatísticas sobre a Guerra do Paraguai, mas sabe-se com certeza que a esmagadora maioria dos mortos foi de homens, significando uma catástrofe demográfica para o país. No pós-guerra, coube praticamente às mulheres sustentar suas famílias e, ainda, ser a principal força de trabalho na reconstrução nacional.[45]

A SR.ª DOROTHÉE PECHIEU: OS ANOS EM CHIVILCOY

Nada mais vinculava Dorothée e sua mãe, Gabrielle, ao Paraguai, para onde tinham ido a fim de construir uma nova vida; os homens da família foram mortos, enquanto para elas restava um presente de mais sacrifícios e possivelmente um futuro semelhante. Nem sequer existiam os túmulos de Narcise, Cyprien e Aristide, cujos restos mortais se achavam nas valas comuns em San Fernando. As duas seguiram para a Argentina, que na década de 1870 iniciava uma fase de sua história caracterizada pela estabilidade do modelo político oligárquico e pela prosperidade econômica, decorrente da agroexportação para a Europa. Em 1872, elas se estabeleceram em Chivilcoy, distante cerca de 150 quilômetros de Buenos Aires e onde havia um núcleo de imigrantes franceses. Essa pequena localidade já em 1866 passou a ter ligação ferroviária com a capital, o que favoreceu a economia local e facilitou a instalação de imigrantes, principalmente espanhóis e italianos.[46]

A primeira referência a Dorothée em Chivilcoy nas fontes consultadas é datada de 25 de maio de 1872, quando houve a cerimônia de inauguração da Biblioteca Popular. Ela já não era a viúva Lasserre, e sim a sr.ª Dorothée Duprat de Pechieu,[47] pois se casara com Agustín Pechieu. O sobrenome Duprat não era raro e aparecia no Rio da Prata já na década de 1820. É certo, porém, que a Dorothée Duprat de Chivilcoy é a

Rua central de Chivilcoy no início do século xx

mesma Dorothée Duprat do Paraguai, de Espadim. Em 5 de julho de 1920, o historiador paraguaio Arturo Rebaudi, que vivia em Buenos Aires, escreveu ao conde d'Eu informando ter recebido uma carta "da sr.ª Dorothée Duprat de Lasserre, que por novas núpcias [...] hoje se chama Dorothée Pechieu e vive em Chivilcoy" (ver anexo). Rebaudi, talvez para ativar a memória do conde — afinal, haviam se passado cinquenta anos —, classificou-a como "senhora francesa bem-parecida e bastante instruída". Nessa carta, Dorothée pediu-lhe que dissesse ao conde que "se lembra sempre de v. a. [Vossa Alteza] e faz votos por sua saúde e felicidade".[48]

O rascunho da resposta do conde d'Eu foi escrito a bordo do encouraçado *São Paulo*, em dezembro de 1920. No começo desse ano, considerando a proximidade do centenário da Independência brasileira, o presidente Epitácio Pessoa tomou a iniciativa de transladar para o Brasil os restos mortais de Pedro II e da imperatriz Teresa Cristina, que estavam no Panteão Real dos Bragança, em Portugal. Em 3 de setembro do mesmo ano, o Governo brasileiro revogou o banimento da família imperial do país, que fora decretado pelo Governo do marechal Deodoro da Fonseca em 1889. Pessoa enviou o *São Paulo* a Lisboa, para buscar os caixões funerários do imperador e da imperatriz, bem como a comitiva que os acompanhava, liderada pelo conde d'Eu, que voltou a pisar solo brasileiro em 8 de janeiro de 1921.

Não era coincidência que Dorothée enviasse sua mensagem ao conde d'Eu nessa ocasião, quando poderia tê-lo feito nas cinco décadas anteriores. Em Chivilcoy, ela deve ter tomado conhecimento do retorno do conde, carregado de simbolismo para o Brasil e também para ela. Fazia cinquenta anos que Dorothée fora recebida e abrigada no quartel-general do comandante em chefe do Exército imperial no Paraguai. Somente então teve a certeza absoluta de estar livre de ser uma *destinada*, de que se salvara da morte por inanição e não corria o risco de nenhuma retaliação por parte de Solano López. Esse foi o momento em que o destino de Dorothée e de sua mãe tomou outro rumo.

O conde d'Eu, no rascunho da resposta à carta de Rebaudi, solicitou que este enviasse a Dorothée "os agradecimentos por ter se lembrado nesta ocasião deste antigo general em chefe". Afirma recordar-se "perfeitamente" dela e de sua "comovente" chegada ao quartel-general do Exército imperial.[49] No entanto, o conde não sentiu necessidade de escrever diretamente a ela, o que poderia ter feito pedindo a Rebaudi seu endereço em Chivilcoy.

Dorothée era, além de "bastante instruída" como a descreveu Rebaudi, ativa e perspicaz, características que contribuíram para que sobrevivesse, com sua mãe, à condição de *destinada*, e também para que construísse nova vida em Chivilcoy. O censo demográfico argentino realizado em maio de 1895 registrou nominalmente cada pessoa que residia nessa cidade e traz dados sobre nacionalidade, idade, estado civil, se era alfabetizada, profissão, número de filhos e, se viúva, quantos anos permanecera casada. O recenseador apontou Dorothée como Dorotea e apenas com o sobrenome Duprat, seja por motivo banal (falta de espaço para o registro completo, cansaço ao anotar etc.), seja porque ela era viúva. Suas informações no censo dizem que foi casada durante 22 anos, que vivia no núcleo urbano de Chivilcoy, quando grande parte dos habitantes morava na área rural, que era proprietária de imóvel e que tinha uma descendente. Esta encontra-se, nesse documento, na linha seguinte à de

Dorothée, chamava-se Clara Pechieu e contava vinte anos de idade. Portanto, Clara nasceu em 1875, e o fato de seus nomes aparecerem um após o outro no Censo significa que os registros foram feitos ao mesmo tempo e no mesmo lugar, ou seja, que elas moravam juntas.[50] Para os padrões da época, era um pouco tardia a maternidade de Dorothée aos trinta anos de idade, mas, afinal, ela não se enquadrava neles em vários aspectos, inclusive o de ter somente uma filha em dois casamentos. Clara casou-se com José Carlos Zanini e tiveram um filho, o qual deixou descendentes que vivem na Argentina mas não mantêm os sobrenomes Duprat ou Pechieu.[51]

O comerciante francês Agustín Pechieu, marido de Dorothée, tinha influência em Chivilcoy. Em 1864, ele era um dos quatro membros da Corporación Municipal que governava a localidade, a qual ainda não havia sido elevada à condição de cidade, sob a presidência do juiz de paz.[52] Dorothée foi atuante na vida comunitária, e uma interessante página web local, de caráter histórico, assim a define: "Uma mulher versátil e extraordinária, vanguardista para o seu tempo: benfeitora da comunidade de Chivilcoy, escritora, conferencista, jornalista e professora, com uma longa e fecunda carreira pública, a serviço da educação, das crianças carentes, da saúde, da cultura e do progresso".[53] Em 1872 ela se envolveu na criação da Biblioteca Popular, onde participou ativamente de conferências e atos culturais. Em 1877, quando uma grande inundação afetou Chivilcoy, coube a Dorothée organizar o evento musical e literário concebido pelo comitê, do qual era secretária, criado com o propósito de arrecadar fundos para socorrer as vítimas. Ela também tomou parte no combate à epidemia de varíola que atingiu a cidade em 1881 e fundou, em 1897, a primeira instituição beneficente de Chivilcoy, a Sociedad Damas de la Misericordia. Atuou na área educacional da cidade, e sua participação foi fundamental para a criação da escola primária n.º 20, em 1885.[54]

A política também não foi estranha à sr.ª Pechieu. Em 2 de março de 1910, o poeta Carlos Ortiz foi ferido, acidentalmente já que os tiros se destinavam a um político da oposição, num atentado por ocasião de um banquete político no Club Social de Chivilcoy. Ortiz morreu no dia seguinte, o que causou indignação não só na cidade, mas na própria Argentina, que havia tempos superara esse tipo de violência e vivia um período de estabilidade. Em Chivilcoy houve contínuos protestos e manifestações exigindo justiça, e Dorothée colocou-se como presidente da comissão de mulheres organizadoras do funeral de Ortiz, realizado no dia 3 de abril.[55] Outra iniciativa de Dorothée foi a campanha para instalar um relógio numa das torres da igreja Nossa Senhora do Rosário, padroeira de Chivilcoy. Ela começou o movimento em 1918 e deu-lhe o nome de Relógio da Paz, porque nesse ano terminou a Primeira Guerra Mundial. No entanto, o relógio, que até hoje leva a designação dada por ela, foi inaugurado somente em 1928.[56]

Dorothée Duprat de Pechieu faleceu de causas naturais em 10 de janeiro de 1932, em Chivilcoy, aos 87 anos de idade, longevidade rara para a época. O mundo era então praticamente irreconhecível, se comparado àquele que motivou suas memórias. A França que ela deixara em 1855 acelerava a urbanização e a industrialização; Paris era uma cidade enorme e, no plano político, republicanos liberais questionavam o autoritarismo de Napoleão III. Ao chegar ao Paraguai, ela vivenciara uma espécie de recuo no tempo, pois deparou com um país agrário que utilizava técnicas do período colonial e não dispunha de indústrias; Assunção era uma cidade pequena, onde as práticas políticas e econômicas ainda eram aquelas do Estado absolutista e mercantilista, anterior à Revolução Francesa. Na Argentina, em Chivilcoy, Dorothée encontrou estabilidade pessoal, em ambiente próspero e influenciado pela proximidade de Buenos Aires. Chivilcoy favoreceu o desenvolvimento das habilidades de Dorothée Duprat e, ao mesmo tempo, beneficiou-se do dinamismo e da inteligência que a caracterizavam. A vida que levou nessa cidade, ela nem sequer podia imaginar em 1869, quando mesmo sua sobrevivência física parecia um objetivo inalcançável. Dorothée teve uma vida em três tempos — França, Paraguai e Argentina — e foi uma dessas pessoas que fazem a diferença para aquelas que a cercam.

ANEXO

Carta do dr. A. Rebaudi ao conde d'Eu

Buenos Aires, 5 de julho de 1920

Alteza Real Gustavo Conde d'Eu

Recebi uma carta da sr.ª Dorothée Duprat de Lasserre, que, por suas novas núpcias, contraídas há quarenta anos, se chama hoje Dorothée Pechieu, e vive em Chivilcoy, República Argentina.

Essa senhora é uma das tantas destinadas no Espadim (rio Ygatimí) pelo tirano F. S. Lopez, condenadas portanto a morrer de fome. Foram salvas pelo tenente-coronel Moura, a quem V. A. concedeu que fosse, com cinquenta praças de cavalaria, em busca da irmã, que desgraçadamente já havia falecido, deixando duas meninas.

Li que V. A. conserva boa memória, pelo que não terá esquecido essa senhora francesa, bem-parecida e bastante instruída, que, junto com a mãe, salvou das garras do tirano. Foi ela quem escreveu a relação mais completa dos padecimentos sofridos e que lhe valeu as felicitações de V. A. R.

Quando chegaram ao acampamento, onde V. A., rodeado de oficiais de alta graduação, as aguardava, ela foi apresentada a V. A. pelo [ilegível] Benjamin Constant e em seguida passou a mãe do bispo Palacios, que López havia mandado fuzilar, que disse a gritos a V. A., "Eu sou a mãe de um Príncipe da Igreja", e uma das filhas temendo algum ato inconveniente, por parte da mãe, acercou-se rapidamente para afastá-la e nisso lhe caiu da cabeça um grande pacote espalhando pelo chão seu horroroso conteúdo.

A sr.ª Dorothée Pechieu (Dorothée Duprat de Lasserre) lembra-se sempre de V. A. e faz votos por sua saúde e felicidade.

Seguro Servidor de V. A. R.

Dr. A. Rebaudi.

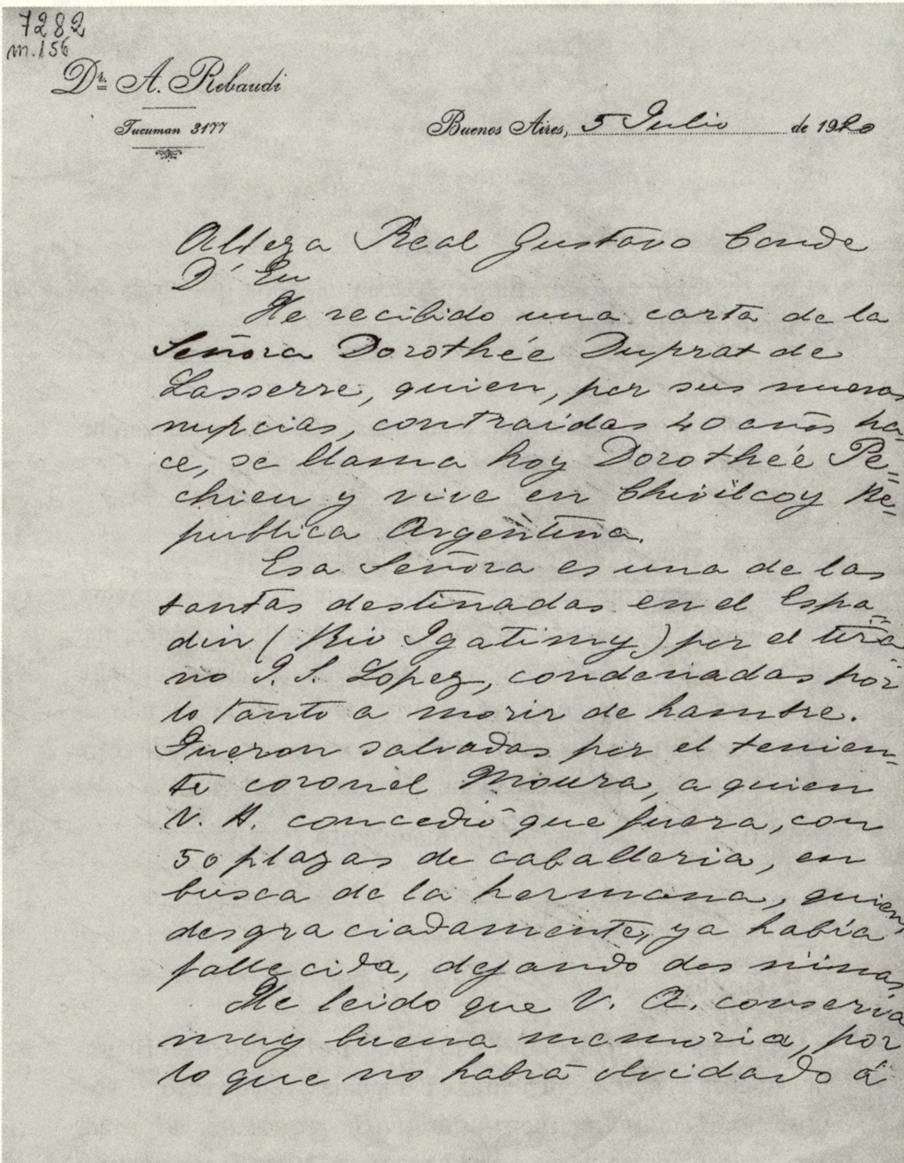

7282
m.156

Dr. A. Rebaudi

Tucuman 3177

Buenos Aires, 5 Julio de 192[illegible]

Alteza Real Gustavo Conde D'Eu

He recibido una carta de la Señora Dorothée Duprat de Lasserre, quien, por sus nuevas nupcias, contraídas 40 años hace, se llama hoy Dorothée Péchieu y vive en Chivilcoy República Argentina.

Esa Señora es una de las tantas destinadas en el Espadín (Río Igatimy) por el tirano F. S. López, condenadas por lo tanto a morir de hambre. Fueron salvadas por el teniente coronel Moura, a quien V. A. concedió que fuera, con 50 plazas de caballería, en busca de la hermana, quien desgraciadamente, ya había fallecida, dejando dos niñas.

He leído que V. A. conserva muy buena memoria, por lo que no habrá olvidado á

Manuscrito da carta de Arturo Rebaudi, em espanhol

NOTAS

EXPOSIÇÃO DA VIÚVA LASSERRE (P. 13-73)

1 Tradução: Fabio Weintraub

2 Expressão que designa filhos não emancipados, que ainda dependem de seus pais. (N. T.)

3 "É o que eu temia!" (N. T.)

4 "Prenderam-me aqui sem me dizer nada, ainda não me deixaram ver o chefe de polícia. [...] Não sei de nada, ainda não fui interrogado." (N. T.)

5 "Ele nos vendeu, senhora, eu sei; no final saberemos que nosso cônsul era nosso espião; ele disse um dia em que havia bebido muito na frente de vários franceses: 'Cabe a mim ser milionário: eles me oferecem um milhão pela minha assinatura, recusei'; bem, senhora, ele aceitou, garanto-lhe, caso contrário o Governo francês não se enganaria sobre o verdadeiro destino dos franceses, cuidado com ele; ele vai nos deixar perecer aqui, ele nos vendeu." (N. T.)

6 A última frase está rasurada no manuscrito. (N. E.)

POSFÁCIO (P. 75-150)

1 Sobre aspectos demográficos do Paraguai e o debate historiográfico quanto às perdas brasileiras e paraguaias, ver, do autor deste posfácio, *Maldita guerra: nova história da Guerra do Paraguai* (3.ª ed. São Paulo: Companhia das Letras, 2022), p. 481-87. Encontram-se

nesse livro as informações aqui contidas sobre as quais não haja outra fonte citada.

2 Jorge Federico Masterman, *Siete años de aventuras en el Paraguay*, p. 28. Masterman era inglês e foi o farmacêutico-chefe do Exército paraguaio durante a guerra.

3 Documentos e publicações da época, em espanhol e em português, grafam seu nome como Dorotea ou Dorothea. No entanto, nas memórias ela assina Dorothée, forma que utilizaremos, exceto em transcrições de documentos.

4 Jorge Federico Masterman, op. cit., p. 161.

5 Guido Alcalá; Luc Capdevila, *Nueva Burdeos: colonización francesa en Paraguay*, Introdución.

6 Há referências a 1843 como o ano de nascimento de Dorothée. No entanto, registro feito pelo visconde de Taunay, que estava presente quando ela se apresentou ao quartel-general brasileiro em 1869, e, mais tarde, declaração dela própria indicam o ano de seu nascimento como sendo 1845 (Alfredo d'Escragnolle Taunay, visconde de Taunay, *Recordações de guerra e viagem*, p. 89). Ver também: https://www.familysearch.org/ark:/61903/1:1:mw7k-frg. Acesso em: 10 nov. 2022.

7 http://riobranco.anasnc.senatics.gov.py/uploads/r/archivo-nacional-de-asuncion/6/5/1/651fbc6cae55856a4b8d00370a7779e94bb9cc3c-0c20e26b25397bc596f77795/PY-ANA-AHRP-986-1-1.pdf. Acesso em: 20 nov. 2022. http://cyj.anasnc.senatics.gov.py/uploads/r/4/0/40072/PY-ANA-CYJ-1821n7.pdf. Acesso em: 15 nov. 2022. Ver na p. 1 o nome de Cipriano Duprat como testemunha, morando na colônia.

8 http://historia.anasnc.senatics.gov.py/uploads/r/archivo-nacional-de-asuncion-2/5/8/58284/PY-ANA-SH-299n1-1-271.pdf. Acesso em: 10 nov. 2022. Ver a partir da p. 278.

9 https://www.cgtrader.com/3d-print-models/miniatures/vehicles/paraguayan-steam-tacuari. Acesso em 17 out. 2022. https://www.histarmar.com.ar/AcademiaUruguayaMyFl/2010/VaporTacuari.htm. Acesso em 17 out. 2022.

10 Ana M. Barreto Valinotti, *Elisa Alicia Lynch*, p. 37.

11 Ibidem, p. 29-30.

12 Francisco Doratioto, *Maldita guerra: nova história da Guerra do Paraguai*, op. cit., p. 89-92. Ver também: Carlos Pastore, *La lucha por la tierra en el Paraguay*, p. 148-50; Juan Crisóstomo Centurion, *Memorias: reminiscencias históricas sobre la Guerra del Paraguay*, v. 4, p. 145.

13 Sir Richard Francis Burton, *Cartas dos campos de batalha do Paraguai*, p. 40.

14 Fernando Masi, "Contribución al estudio de la evolución socio--económica del Paraguay", p. 34.

15 Efraím Cardozo, *El Paraguay independiente*, p. 204.

16 *Declaración de Augusto Parmentier — Vice Cónsul francés y antiguo residente en Paso de los Libres, testigo ocular durante la guerra*. Paso de los Libres, 24 abr. 1888. Archivo del Instituto y Museo de Historia Militar, Colección Zeballos, pasta 141, doc. 18. Assunção (Paraguai).

17 Miguel Angel de Marco, *La Guerra del Paraguay*, p. 280-81.

18 José Luiz Rodriguez da Silva, *Recordações da campanha do Paraguay*, p. 44.

19 Ibidem, p. 44-45.

20 José Murilo de Carvalho, *Jovita Alves Feitosa: voluntária da pátria, voluntária da morte*.

21 José Luiz Rodriguez da Silva, op. cit., p. 19-20.

22 As atas desse encontro e daqueles realizados nas vilas do interior, bem como o nome das doadoras, discriminadas por localidade, acham-se no *Libro de oro*. Trata-se de um volume que pesa dez quilos, tem capa revestida de ouro e é composto de 96 páginas de pergaminho. O *Libro de oro* foi entregue a Francisco Solano López em setembro de 1867. Ver em: http://historia.anasnc.senatics.gov.py/index.php/libro-de-oro-2. Acesso em: 15 nov. 2022.

23 http://historia.anasnc.senatics.gov.py/uploads/r/archivo-nacional-de-asuncion/6/4/64513/PY-ANA-SH-353n1-1-41.pdf. Acesso em: 10 out. 2022.

24 Milda Rivarola, "La resistencia a la Guerra Grande", p. 184-86.

25 Ana M. Barreto Valinotti, *Voces de mujer en la historia paraguaya*, p. 56.

26 *Carasa comerciante estranjero establecido en Corumbá escribe sobre los acontecimientos ocurridos durante la guerra*. Archivo Nacional de Asunción, Sección Histórica, v. 341, doc. 13. Trata-se do boticário português Manuel Careza.

27 Informe do cônsul francês Laurent-Cochelet a seu Governo, Assunção, 26 fev. 1865, em Milda Rivarola, *La polémica francesa sobre la Guerra Grande. Eliseu Reclus: La Guerra del Paraguay; Laurent-Cochelet: correspondência consular*, p. 141.

28 Jorge Thompson, *La Guerra del Paraguay*, p. 44.

29 Interrogatório do cidadão brasileiro Luis José Botelho, Assunção, 8 fev. 1867, em *Autos sobre Pereira — 1867 — Proceso a Jose Maria Leite Pereira gerente de Consulado Portugues por no tener confianza al billete paraguayo*. Archivo Nacional de Asunción, Sección Civil y Judiciales, v. 1662, doc. 7.

30 Ana M. Barreto Valinotti, op. cit., p. 28.

31 Milda Rivarola, op. cit., p. 139-48.

32 *Segundo informe del capitán Julián N. Godoy* [1888]. Archivo del Instituto y Museo de Historia Militar, pasta 144. Assunção (Paraguai).

33 Barbara Potthast, "Algo más que heroínas. Varias roles y memorias femeninas de la Guerra de la Triple Alianza", p. 174-76.

34 Ana M. Barreto Valinotti, op. cit., p. 39-42.

35 https://www.facebook.com/Yhu451/. Acesso em: 10 out. 2022.

36 *Diário do Exército — Campanha do Paraguay; commando em chefe de S. A. o sr. marechal de Exército conde d'Eu*, p. 196.

37 https://www.pontaporainforma.com.br/villa-ygatimi-potencia-sus-lugares-turisticos-con-la-llegada-del-asfalto/. Acesso em: 28 jan. 2023. https://www.youtube.com/watch?v=SWJBVYC4OOS. Acesso em: 26 jan. 2023.

38 *Diário do Exército — Campanha do Paraguay; commando em chefe de S. A. o sr. marechal de Exército conde d'Eu*, p. 307.

39 Ibidem, p. 308-11. *Singulares* significa "estranhos".

40 Francisco Félix Pereira da Costa, *História da guerra do Brasil contra as repúblicas do Uruguay e Paraguay*, v. 4 (Guerra do Paraguai), p. 465.

41 *Diário do Exército — Campanha do Paraguay; commando em chefe de S. A. o sr. marechal de Exército conde d'Eu*, p. 312-18.

42 Apud Guido Rodríguez Alcalá, *Residentas, destinadas y traidoras*, p. 5.

43 *Diário do Exército — Campanha do Paraguay; commando em chefe de S. A. o sr. marechal de Exército conde d'Eu*, p. 317-18.

44 Para maiores detalhes, ver o item "Solano López, de tirano a herói anti-imperialista: a construção do mito", em *Maldita guerra: nova história da Guerra do Paraguai*, op. cit., p. 87-104.

45 Sobre as mulheres paraguaias no pós-guerra, ver Barbara Potthast, *"Paraíso de Mahoma" o "País de las mujeres"? El rol de la familia en la sociedad paraguaya del siglo* XIX.

46 http://www.archivoliterariochivilcoy.com/dona-dorotea-duprat-de-pechieu/. Acesso em: 10 dez. 2022.

47 http://www.archivoliterariochivilcoy.com/inauguracion-de-la-sede-institucional-de-la-primera-biblioteca-publica-de-chivilcoy-1872/. Acesso em: 10 out. 2022.

48 https://museuimperial.museus.gov.br/arquivo-historico/. Acesso em: 10 out. 2022.

49 https://museuimperial.museus.gov.br/arquivo-historico/. Acesso em 10 out. 2022.

50 https://familysearch.org/ark:/61903/1:1:MW7K-FRP. Acesso em 10 out. 2022

51 https://www.genealogiafamiliar.net/familychart.php?personID=I127900&tree=BVCZ. Acesso em: 10 out. 2022.

52 Marcos Isla Burcez, "Los franceses en el paisaje fundacional de Chivilcoy", *La Razón*, 22 out. 2020. Disponível em: https://www.larazondechivilcoy.com.ar/locales/2020/10/22/los-franceses-en-el-paisaje-fundacional-de-chivilcoy-128526.html. Acesso em 26 nov. 2022.

53 Archivo Literario de Chivilcoy, *Dorotea Duprat de Pechieu*. Disponível em: http://www.archivoliterariochivilcoy.com/dona-dorotea-duprat-de-pechieu/. Acesso em: 30 ago. 2022.

54 Archivo Literario de Chivilcoy, *Inauguración de la sede institucional de la primera Biblioteca Pública de Chivilcoy* (1872). Disponível em: http://www.archivoliterariochivilcoy.com/inauguracion-de-la-sede-institucional-de-la-primera-biblioteca-publica-de-chivilcoy-1872/.

Acesso em: 30 ago. 2022. Archivo Literario de Chivilcoy, *Las viejas inundaciones de Chivilcoy. Un acto literario y cultural, a beneficio de los damnificados del año 1877, que organizó Doña Dorotea Duprat de Pechieu.* Disponível em: http://www.archivoliterariochivilcoy.com/las-viejas--inundaciones-de-chivilcoy-un-acto-literario-y-cultural-a-beneficio-de-los-damnificados-del-ano-1877-que-organizo-dona-dorotea-duprat-de-pechieu/. Acesso em: 30 ago. 2022. María Amanda Caggiano, *Memoria en imágenes. El archivo fotográfico como fuente documental*, p. 7-23.

55 Alberto Guiraldo (org.), *Carlos Ortiz*, p. 369-70.

56 *Inauguración del reloj de la Iglesia del Rosario*. Disponível em: http://www.archivoliterariochivilcoy.com/inauguracion-del-reloj-la--iglesia-del-rosario/. Acesso em: 10 out. 2022.

FONTES E BIBLIOGRAFIA

FONTES PRIMÁRIAS

1. ARQUIVOS

MANUSCRITOS

Archivo del Instituto y Museo de Historia Militar (Assunção, Paraguai): Colección Zeballos

Archivo Nacional de Asunción (Paraguai): Sección Histórica; Sección Civil y Judiciales.

DIGITAIS

Brasil

Museu Imperial (Petrópolis, RJ). Disponível em: https://museuimperial.museus.gov.br/arquivo-historico/. Acesso em: 10 out. 2022.

Paraguai

Archivo Nacional de Asunción (Paraguai). Disponível em: http://historia.anasnc.senatics.gov.py/index.php/archivo-nacional-de-asuncion. Acesso em: 10 out. 2022.

2. LIVROS

BURTON, Sir Richard Francis. *Cartas dos campos de batalha do Paraguai*. Rio de Janeiro: Biblioteca do Exército, 1997.

COSTA, Francisco Félix Pereira da. *História da guerra do Brasil contra as Repúblicas do Uruguay e Paraguay*. Rio de Janeiro: Livraria A. C. Guimarães, v. 4 (Guerra do Paraguai), 1871.

IMPÉRIO DO BRASIL. *Diário do Exército — Campanha do Paraguay: commando em chefe de S. A. o sr. marechal de Exército conde d'Eu*. Rio de Janeiro: Typographia Nacional, 1870.

MASTERMAN, Jorge Federico. *Siete años de aventuras en el Paraguay*. Buenos Aires: Imprenta Americana, 1870.

RODRIGUES DA SILVA, José Luiz. *Recordações da campanha do Paraguay*. São Paulo: Companhia Melhoramentos, s. d. [1924?].

TAUNAY, Alfredo d'Escragnolle, visconde de. *Recordações de guerra e viagem*. Brasília: Senado Federal, 2008.

THOMPSON, Jorge. *La Guerra del Paraguay*. 2.ª ed. Buenos Aires: L. J. Rosso, 1910.

FONTES SECUNDÁRIAS

ALVES, Francisco das Neves; TORRES, Luis Henrique; OLIVEIRA, Marcelo França de. O *Arquivo Montenegro, a Guerra do Paraguai e além (estudos históricos, geográficos e literários)*. Disponível em: https://issuu.com/bibliotecariograndense/docs/cole__o_documentos_19. Acesso em: 10 out. 2022.

ASOCIACIÓN GUERREROS DEL PARAGUAY. *Album de la Guerra del Paraguay*. Buenos Aires: Imprenta Jacobo Peuser, v. 1, 1893. Disponível em: http://bibliotecanacional.gov.py/hemeroteca/album-de-la-guerra-del-paraguay/. Acesso em: 18 jun. 2022.

BARRETO VALINOTTI, Ana M. *Elisa Alicia Lynch*. Assunção: El Lector, Coleção Protagonistas da Historia, n. 4, 2011.

_______. *Voces de mujer en la historia paraguaya*. Assunção: Asociación Trinidad, 2012 (pdf). Disponível em: https://www.academia.edu/44323070/Voces_de_Mujer_en_la_Historia_Paraguaya. Acesso em 10 out. 2022.

CAGGIANO, María Amanda. "Memoria en imágenes. El archivo fotográfico como fuente documental". FUNDACIÓN PARA EL ESTUDIO DEL PENSAMIENTO ARGENTINO Y IBEROAMERICANO. *Actas — Décimas Jornadas del Pensamiento Científico Argentino*, Buenos Aires, 20-21 jan. 2000, p. 7-23. Disponível em: http://bibliotecafepai.fepai.org.ar/Actas/HistoriaCiencia/Actashcx.pdf. Acesso em: 10 out. 2022.

_______. "Chivilcoy en sus orígenes, siglo XIX". *La Razón*, Chivilcoy (Argentina), 22 out. 2007. Disponível em: https://www.larazondechivilcoy.com.ar/tributo/tras-los-pasos/2007/10/22/chivilcoy-en-sus-origenes-siglo-xix-126272.html. Acesso em: 2 nov. 2022.

CARDOZO, Efraím. *El Paraguay independiente*. Assunção: El Lector, 1996.

CARVALHO, José Murilo de. *Jovita Alves Feitosa: voluntária da pátria, voluntária da morte*. São Paulo: Chão Editora, 2019.

CENTURIÓN, Juan Crisóstomo. *Memorias: reminiscencias históricas sobre la Guerra del Paraguay*, v. 4. Assunção: El Lector, 1987.

DE MARCO, Miguel Angel. *La Guerra del Paraguay*. Buenos Aires: Planeta, 1998.

DORATIOTO, Francisco. *Maldita guerra; nova história da Guerra do Paraguai*. 3.ª ed. revista e ampliada. São Paulo: Companhia das Letras, 2022.

GUIRALDO, Alberto (org.). *Carlos Ortiz*. Buenos Aires: Ideas y Figuras, 1911.

MASI, Fernando. "Contribución al estudio de la evolución socio-económica del Paraguay". *Revista Paraguaya de Sociologia*. Assunção: Centro de Estudios Sociológicos, año 19, n. 53, enero/febrero 1992.

PASTORE, Carlos. *La lucha por la tierra en el Paraguay*. Montevidéu: Antequera, 1972.

POTTHAST, Barbara. "Algo más que heroínas. Varias roles y memorias femeninas de la Guerra de la Triple Alianza". *Estudios Paraguayos*. Assunção: Universidad Católica Nuestra Señora de Asunción, Departamento de Ciencias Sociales, v. XXVI-XXVII, n.os 1-2, 2008-2009.

_______. *"Paraíso de Mahoma" o "País de las mujeres"? El rol de la familia en la sociedad paraguaya del siglo* XIX. Assunção: Instituto Cultural Paraguayo-Alemán, 1996.

RIVAROLA, Milda. *La polémica francesa sobre la Guerra Grande*. Assunção: Editorial Histórica, 1988.

_______. "La resistencia a la Guerra Grande". *Estudios Paraguayos*. Assunção: Universidad Católica Nuestra Señora de Asunción, Departamento de Ciencias Sociales, v. XXVI-XXVII, n.os 1-2, 2008-2009.

RODRÍGUEZ ALCALÁ, Guido. *Residentas, destinadas y traidoras*. Assunção: Criterio, 1991.

_______; CAPDEVILA, Luc. *Nueva Burdeos: colonización francesa en Paraguay*. Assunção: Embajada de Francia, 2005.

SÍTIOS NA INTERNET

ARCHIVO LITERARIO DE CHIVILCOY. *Dorotea Duprat de Pechieu*. Disponível em: http://www.archivoliterariochivilcoy.com/dona-dorotea-duprat-de-pechieu/. Acesso em 10 dez. 2022.

_______. *Inauguración del reloj de la Iglesia del Rosario*. Disponível em: http://www.archivoliterariochivilcoy.com/inauguracion-del-reloj-la-iglesia-del-rosario/. Acesso em 10 out. 2022.

_______. *Inauguración de la sede institucional de la primera Biblioteca Pública de Chivilcoy (1872)*. Disponível em: http://www.archivoliterariochivilcoy.com/inauguracion-de-la-sede-institucional-de-la-primera-biblioteca-publica-de-chivilcoy-1872/. Acesso em: 10 out. 2022.

_______. *Las viejas inundaciones de Chivilcoy. Un acto literario y cultural, a beneficio de los damnificados, del año 1877, que organizó Doña Dorotea Duprat de Pechieu*. Disponível em: http://www.archivoliterariochivilcoy.com/las-viejas-inundaciones-de-chivilcoy-un-acto-literario-y-cultural-a-beneficio-de-los-damnificados-del-ano-1877-que-organizo-dona-dorotea-duprat-de-pechieu/. Acesso em: 30 ago. 2022.

AYALA, José. *Que pasó acá. Residentas*. Disponível em: https://www.youtube.com/watch?v=sWjBVyc4Oos. Acesso em: 26 jan. 2023.

BRASILIANA FOTOGRÁFICA. Disponível em: https://brasilianafotografica.bn.gov.br/brasiliana/handle/20.500.12156.1/4154. Acesso em: 8 abr. 2022.

FAMILY SEARCH. Disponível em: https://www.familysearch.org/ark:/61903/1:1:mw7k-frg. Acesso em: 10 nov. 2022.

GENEALOGIA FAMILIAR. Disponível em: https://www.genealogiafamiliar.net/familychart.php?personid=I127900&tree=bvcz. Acesso em: 26 nov. 2022.

HISTORIA Y ARQUEOLOGÍA MARÍTIMA. *El vapor* Tacuarí *en el Río de la Plata*. Disponível em: https://www.histarmar.com.ar/AcademiaUruguayaMyFl/2010/VaporTacuari.htm. Acesso em: 17 out. 2022.

HOY CHIVILCOY. *El reloj de la Iglesia Mayor volvió a dar la hora*. Disponível em: https://hoychivilcoy.com/2018/11/19/el-reloj-de-la-iglesia-mayor-volvio-a-dar-la-hora/. Acesso em: 10 out. 2022.

ISLA BURCEZ, Marcos. "Los franceses en el paisaje fundacional de Chivilcoy". *La Razón*, Chivilcoy (Argentina), 22 out. 2020. Disponível em: https://www.larazondechivilcoy.com.ar/locales/2020/10/22/los-franceses-en-el-paisaje-fundacional-de-chivilcoy-128526.html. Acesso em: 2 nov. 2022.

MUNICIPALIDAD DE YHÚ (Paraguai). Disponível em: https://www.facebook.com/Yhu451/. Acesso em: 15 dez. 2022.

PARAGUAYAN STEAM TACUARI 3D PRINT MODEL. Disponível em: https://www.cgtrader.com/3d-print-models/miniatures/vehicles/paraguayan-steam-tacuari. Acesso em: 17 out. 2022.

PONTA PORÃ INFORMA. *Villa Ygatimí potencia sus lugares turísticos com la llegada del asfalto*. Disponível em: https://www.pontaporainforma.com.br/villa-ygatimi-potencia-sus-lugares-turisticos-con-la-llegada-del-asfalto/. Acesso em: 28 jan. 2023.

CRÉDITOS DAS ILUSTRAÇÕES

p. 11: Archivo Literario Municipal de Chivilcoy

p. 89: BG /OLOU/Alamy/Fotoarena

p. 107 (Jovita Alves Feitosa): Instituto Histórico e Geográfico Brasileiro (IL 1223). Imagem doada por Laurênio Lago em agosto de 1938

p. 110: Acervo Milda Rivarola (www.imagoteca.com.py)

p. 112: Acervo Centro de Artes Visuales/Museo del Barro

p. 115 e p. 125: *Álbum de la Guerra del Paraguay*, 1 fev. 1893, n.º 1. Buenos Aires/Acervo Biblioteca Nacional del Paraguay

p. 118-19: Fundo Polidoro da Fonseca Quintanilha Jordão/Arquivo Nacional

p. 132: Parque Histórico Isla Pakova — Yhú

p. 137: Arquivo José Arthur Montenegro/Acervo da Biblioteca Rio-Grandense

p. 138: Acervo Fundação Biblioteca Nacional — Brasil

p. 140: *Guerra do Paraguay: memórias de Mme Dorothéa Duprat de Lasserre*. Versão e notas de José Arthur Montenegro. Rio Grande do Sul: Reis, Bastos & C.; Typ. Trocadero, 1893. Acervo Biblioteca Brasiliana Guita e José Mindlin

p. 153: Museu Imperial

Este livro foi composto em Freight text em agosto de 2023.